Die U.S.A. und Kuba

Hintergründe, Analysen und Perspektiven
einer schwierigen Nachbarschaft

von

Wilson Cardozo Aguirre

Tectum Verlag
Marburg 2001

Die Deutsche Bibliothek - CIP-Einheitsaufnahme

Cardozo Aguirre, Wilson:
Die U.S.A. und Kuba.
Hintergründe, Analysen und Perspektiven einer schwierigen Nachbarschaft.
/ von Wilson Cardozo Aguirre
- Marburg : Tectum Verlag, 2001
ISBN 3-8288-8332-X

© Tectum Verlag

Tectum Verlag
Marburg 2001

Inhaltsverzeichnis

1. Einleitung 7

2. Zur Theorie der internationalen Beziehungen 9

2. 1 Die begriffliche Definition 9
2. 2 Zum theoretischen liberalen Ansatz 10
2. 3 Gegenstand und Fragestellung 12

3. Historisch-ideologische Hintergründe der US-Kuba-Beziehungen 15

3. 1 Der US-Expansionismus 15
3. 2 Das ideologische Element der Monroe-Doktrin in der Konzipierung der Beziehungen zwischen den USA und Kuba 18
3. 3 Die Sicherung der Hegemonie: Der spanische Krieg 20
3. 4 Die Sicherung der Intervention: Das *"Platt Amendment"* 22

4. Der außenpolitische Anspruch ethnischer Gruppen in den USA am Beispiel der „*Cubano- Americanos*" in Miami 25

4. 1 Die kubanischen Einwanderer zwischen Integration und Contrarevolution 26
4. 1. 1 Ethnische Bevorzugung im ideologischen Kampf 28
4. 2 Die „Cuban-American National Foundation" 30
4. 2. 1 Entstehung und Aufschwung in der ideologischen Konfrontation unter der Reagan-Administration 30
4. 2. 1. 1 Das „Demokratieprojekt" 31
4. 2. 2 Die politische Affinität der Organisation 33
4. 2. 2. 1 Verbindung und Einfluss in der politischen Umsetzung der post-sowjetischen Ära 37
4. 2. 3 Miami: wirtschaftliches und ideologisches Epizentrum der Cubano-Americanos 41
4. 2. 3. 1 Vom Erfolgsmodell zur konservativ-ideologischen Konzeption 44
4. 2. 3. 2 Ideologie und Massenmedien: Das Radio und Fernsehen "Martí" 46
4. 2. 4 Die C.A.N.F. in der Wahrnehmung der kubanischen Regierung und der Geist der Restaurierung 48

4. 3	**Die potenzielle Alternative: Die moderaten** *Cubano-Americanos*	**49**
4. 3. 1	Die verpasste Chance unter der Clinton-Administration	49
4. 3. 2	Annäherung an die kubanische Regierung	51
4. 3. 3	Die Unternehmer	54
5.	**Die Doktrin der Sanktionen in den bilateralen Beziehungen zwischen den USA und Kuba der 90er Jahre**	**57**
5. 1	**Das außenpolitische Instrumentarium**	**57**
5. 2	**Das „Torricelli-Gesetz" : The Cuban Democracy Act**	**60**
5. 2. 1	Track I: Die Aufrechterhaltung der Sanktionen	62
5. 2. 2	Track II: Veränderung von innen	65
5. 3	**Das „Helms-Burton-Gesetz": „Liberty" Act**	**69**
5. 3. 1	Die Verschärfung der Sanktionen	69
5. 3. 2	Die Beibehaltung der Ziele	72
5. 4	**Reaktionen und Auswirkungen auf die Sanktionen**	**74**
5. 4. 1	Kontraproduktivität und Selbsteinschränkung	74
5. 4. 2	Der US-Unilateralismus und die internationalen Reaktionen	76
5. 4. 3	Die kubanische Reaktion	81
5. 4. 4	Die US-innenpolitischen Effekte der Sanktionen	85
5. 4. 4. 1	Der Kongress: Der neu geschaffene Spielraum	85
5. 4. 4. 2	Der Präsident: Der eingeschränkte Handlungsspielraum	88
6.	**Die Konzeption der US-Kubapolitik nach dem Zusammenbruch der Sowjetunion**	**91**
6. 1	Der politische Referenzrahmen	91
6. 2	Die Förderung und Forderung der Demokratie	92
6. 3	Die Menschenrechte	96
6. 4	Der freie Handel	97
7.	**Perspektiven der Beziehungen zwischen den USA und Kuba**	**105**
7. 1	**Das Inkompatibilitätsprinzip**	**105**
7. 1. 1	Die beibehaltene traditionelle politische Linie der Homogenisierung auf dem amerikanischen Kontinent	105
7. 1. 2	Der qualitative Wechsel und die neue Realität der Beziehungen zwischen den USA und Kuba in der post-sowjetischen Ära	109

7. 1. 3	Die Individualisierung des Konflikts im Rahmen geopolitischer und wirtschaftlicher Interessen	113
7. 2	**Die Symbolfigur Castro und die Institution der Militärs in der Auslegung der US-Kubapolitik**	**119**

8. Schlusswort 125

9. Bibliografie 129

1. Einleitung

Ziel des vorliegenden Buches ist es, die ursprünglichen Aspekte der US-amerikanischen Kubapolitik der 90er Jahre und die Mitwirkung bei ihrer Konzipierung von kubanischen Interessengruppen innerhalb des amerikanischen Systems zu beleuchten. Zu diesem Zweck soll zuallererst geklärt werden, von welchen Ideologien, Interessen und Besonderheiten die Beziehungen beider Länder beeinflusst wurden. Eine Untersuchung zu starten, um das außenpolitische Verhalten der USA gegenüber Kuba zu erklären, kann daher nicht gemacht werden, ohne die historischen Hintergründe, die diese Beziehungen prägten, zu berücksichtigen. Die Ausgangsbedingungen und Faktoren für die Gestaltung der Beziehungen zwischen den USA und Kuba sind deshalb in der Geschichte zu suchen. Wichtig ist somit eine kurze Darstellung der wichtigsten US-amerikanischen und kubanischen politischen Entscheidungen, welche die verschiedenen Entwicklungsschritte der Beziehungen charakterisieren. In diesem Zusammenhang soll bei der Behandlung des Themas nicht einfach eine Beschreibung von Ereignissen im Mittelpunkt stehen. Vielmehr werden aus dem historischen Kontext heraus der Entstehungs- und Interaktionsprozess kubanischer Lobbygruppen innerhalb der US-amerikanischen Gesellschaft und die Auswirkung ihres Agierens auf die außenpolitische Entscheidungsbildung der Vereinigten Staaten als Schwerpunkt und Hintergrundskulisse behilflich sein, um die Beziehungen beider Länder nach dem Zusammenbruch der Sowjetunion zu interpretieren. Die Entstehung, Strukturierung, die politische Affinität zu den US-amerikanischen Großparteien, die ideologische Konzeption sowie der Aktionsradius und das Instrumentarium des Agierens dieser Gruppierungen, insbesondere das der *Cuban American National Foundation* – die einflussreichste kubanische Organisation in den USA – werden als Basis dienen, um die US-Außenpolitik gegenüber Kuba nach der Wende in Osteuropa verstehen zu können. Der analytische Zeitrahmen soll hier durch den qualitativen Wechsel in der außenpolitischen Konstellation nach dem Zerfall der Sowjetunion gegeben werden und die Erläuterung von politischen Entscheidungen bzw. politischen Aktionen und die Reaktionen und Auswirkungen auf dieselben werden den Kern bilden, in dem die Schwierigkeiten und Chancen für die Verbesserung der Beziehungen zwischen den USA und Kuba zu finden sind. Im Rahmen dieser Zeitspanne werden das unilaterale US-politische Instrumentarium der wirtschaftlichen Sanktionen gegen Kuba, seine Grundlage, sein Ursprung, aber auch die damit verfolgten Ziele dieser Politik sowie dessen innenpolitische und internationale Implikationen beschrieben und analysiert. Danach sollen die Auswirkungen dieser Maßnahmen auf die innenpolitische Entscheidungsbildung im US-amerikanischen System und die Interaktion zwischen dem Präsidenten und dem Kongress bei der Konzipierung der Kubapolitik in den 90er Jahren besonders berücksichtigt werden. Hierbei werden auch die Felder der US-Außenpolitik auf dem amerikanischen Kontinent, wie die Förderung und Forderung der Demokratie, die Frage der Menschenrechte und die Politik des freien Handels als Säulen des außenpolitischen Entwurfes der USA miteinbezogen. Am Schluss soll der Frage nachgegangen werden, inwieweit Kuba nach der Veränderung in der internationalen politischen Konstellation ein Inkompatibilitätsfaktor im amerikanischen Kontinent darstellt und wie sich die Perspektiven der Beziehungen für die mittelfristige Zukunft entwickeln könnten.

2. Zur Theorie der internationalen Beziehungen

2.1 Die begriffliche Definition

Bei einer politischen Analyse der Beziehungen zwischen zwei Ländern – in diesem Fall zwischen den USA und Kuba in den 90er Jahren – erscheint bei deren Betrachtung eine nähere Differenzierung notwendig, in welchem Bereich der Disziplin der internationalen Beziehungen diese Untersuchung einzuordnen ist, auch wenn es keine allgemein verbindliche Definition für Politik gibt, sondern eher die Verbreitung einer Terminologie.[1] Die Summe der Aktionen und grenzüberschreitenden Handlungszusammenhänge zwischen staatlichen und nicht-staatlichen Akteuren lässt sich als eine umfassende Definition der internationalen Beziehungen interpretieren.[2] Es ist in diesem Zusammenhang zu unterstreichen, dass nicht die internationalen Beziehungen im Sinne einer Verallgemeinerung gemeint sind, in der die Aktionen bzw. Reaktionen mehrerer Staaten untersucht und dargestellt werden. Es handelt sich in diesem Kontext um die Außenpolitik eines Staates und die darauf folgende Reaktion eines anderen. Diese Eingrenzung innerhalb der Disziplin der internationalen Beziehungen bedeutet nicht, dass die Ausrichtung dieses Buches aus derselben ausgegliedert wird, sondern sie gehört als Fallstudie im Bereich der internationalen Politik evident zu der gesamten Disziplin der internationalen Beziehungen. Es ist deshalb von Relevanz, die genannte Einschränkung hinsichtlich der Fragestellung und der einzusetzenden Methoden vorzunehmen. Hierbei kann man entweder die Interaktion direkt – die internationale Politik

---

[1] Ernst-Otto Czempiel, *Internationale Beziehungen: Begriff, Gegenstand und Forschungsabsicht*, in: Manfred Knapp/Gert Krell, *Einführung in die Internationale Politik*, München 1991, S.5.

[2] Jürgen Wilzewski, *Internationale Beziehungen* in: Dieter Nohlen (Hg.), *Lexikon der Politik, Band 7*, München 1998, S.284.

– analysieren, oder die diese Interaktion zu Stande bringenden Außenpolitiken der einzelnen Länder untersuchen.[3]

Diese zweite Ebene ist das Feld, in dem ein Zusammenhang zwischen den innenpolitischen Aktionen der Akteure in einer Gesellschaft und deren Vernetzung für die Konzipierung und Erzeugung von Aktionen im internationalen Umfeld hergestellt werden soll. Zu den Akteuren werden die politischen Parteien, vor allem aber die Interessengruppen zu zählen sein, denn die gesellschaftlichen Akteure agieren nicht für soziale Gesamtinteressen, sondern werden für partikuläre Interessen tätig.[4] Die Analysenebenen im internationalen System bleiben jedoch nur „intellektuelle Konstrukte", die in der Wirklichkeit zusammengehören.[5] Da sich eine Analyse in der internationalen Politik mangels methodologischer Instrumente als schwierig erweist, wird die Interaktion zwischen Staaten als Aktions-Reaktions-Folge erfasst.[6]

2. 2 Zum theoretischen liberalen Ansatz

Derzeit stehen sich in der Forschung der internationalen Beziehungen vor allem drei Ansätze gegenüber. Neben dem Neo-Realismus und dem Neo-Institutionalismus ist der Neo-Liberalismus als dritter Ansatz zu nennen. Er betont den Zusammenhang zwischen gesellschaftlichen Strukturen und Verhaltensmustern im internationalen System.[7] Auch wenn sich die liberale Theorie der internationalen Beziehungen schon vor dem Zusammenbruch der Sowjetunion in der wissenschaftlich-politischen Diskussion etablieren konnte, gewinnt sie besonders nach der Wende in der international-theoreti-

---

[3] Czempiel, *Internationale Beziehungen: Begriff, Gegenstand und Forschungsabsicht*, S.4.
[4] Ebd., S.16.
[5] Herbert Dittgen, *Amerikanische Demokratie und Weltpolitik: Außenpolitik in den Vereinigten Staaten*, Paderborn 1998, S.18.
[6] Czempiel, *Internationale Beziehungen: Begriff Gegenstand und Forschungsabsicht*, S.11.
[7] Wilzewski, *Lexikon der Politik*, S.284.

schen Debatte immer mehr an Bedeutung. Die liberale Theorie steht wie der Realismus in einer historisch langen Tradition. Bei diesem Ansatz verlagert sich die Perspektive der Analyse, da sich das Interesse des Liberalismus auf die Welt der staatlich organisierten Gesellschaften konzentriert. Nach dem liberalen Ansatz wird das Handeln der Staaten nicht vom internationalen System bestimmt, da sich die Präferenzbildungsprozesse aus dem gesellschaftlichen Umfeld ergeben. *„Nicht das internationale System bestimmt das Handeln der Staaten und ihre Präferenzen, die entscheidenden Akteure sind vielmehr Individuen und Gruppen, die ihren materiellen und ideellen Interessen nachgehen."*[8]

Ein entscheidender Punkt bei der liberalen Theorie der internationalen Beziehungen ist, wie die Präferenzen des Staates durch die Interpretierung und Umsetzung des gesellschaftlichen Umfeldes konzipiert werden. Gemäß dieses Ansatzes agieren Staaten nach einer Interpretierung und Kombination von Sicherheit, Wohlfahrt und Souveränität. Diese drei zentralen Elemente entstehen im gesellschaftlichen Umfeld und werden auch durch die Interaktion der Interessengruppen definiert. Czempiel fasst die Funktionalität der Politik zusammen und bezieht die drei Elemente mit ein: *„Politik ist die autoritativ (herrschaftlich) oder über den Modus der Macht erfolgende Verteilung (und Generierung) von Werten in den Sachbereichen Sicherheit, Wohlfahrt und Herrschaft, die vom politischen System oder vom gesellschaftlichen oder innerhalb der internationalen Umwelt vorgenommen wird."* In diesem Kontext ist es bei der Konzipierung der Analyse der Beziehungen zwischen den USA und Kuba wichtig, den gesellschaftlichen Interaktionsprozess und die aus ihm wahrgenommenen Interessen und auch dessen Umsetzung zu berücksichtigen. Czempiel weiter: *„Mit eingeschlossen in diesen Prozess der Politik sind alle auf den Verteilungsvorgang gerichteten Umwandlungs-Anforderungsprozesse, die zwischen dem politischen*

---

[8] Gert Krell, *Weltbilder und Weltordnung: Einführung in die Theorie der internationalen Beziehungen*, 1. Aufl., Baden-Baden 2000, S.148.

System und seinem gesellschaftlichen Umfeld verlaufen."[9] Der Verteilungsvorgang und die Umwandlungsprozesse dürfen nicht auf die Innenpolitik reduziert werden, sondern sollten als Präferenzbildungsprozesse der Außenpolitik aufgefasst werden. Sie sind, wie Krell zusammenfasst, die „*Innenseite der Außenpolitik.*"[10] Nach diesen Kriterien lässt sich das Außenverhalten eines Staates primär nicht von Strukturmerkmalen des internationalen Systems, sondern aus den gesellschaftlichen Präferenzbildungsprozessen ableiten.[11]

2. 3 Gegenstand und Fragestellung

Der Gegenstand der Untersuchung wird hier die Außenpolitik der USA gegenüber Kuba sein. Dabei sollen strukturell-gesellschaftliche, aber auch historische Aspekte bei der Konzipierung der außenpolitischen Entscheidungen besonders berücksichtigt werden. Um die Außenpolitik der USA in diesem Rahmen verstehen und in gegebenem Fall erklären zu können, müssen die genannten Strukturen analysiert werden. Auch wenn die internationale Presse ein widersprüchliches Bild der US-amerikanischen Politik vermittelt, zeigt sie nach dem Ende des Kalten Krieges ein hohes Grad an Kontinuität in den Zielen, die sie verfolgt.[12] Die Außenpolitik der USA wird nach 1945 eindeutig durch die beiden Pole Isolationismus und idealistischer Internationalismus bezeichnet und diese prägen die Ausgestaltung der amerikanischen Weltmachtrolle.[13] Sowohl der Isolationismus als auch der idealistische Interventionismus verfolgen das gleiche Ziel, nämlich die nationale Selbstbestimmung der amerikanischen Gesellschaft zu schützen. Strikte Isolation wie klassische imperialistische Politik haben das Element des Unilateralismus

---

[9] Ernst-Otto Czempiel, *Friedensstrategien*, Wiesbaden 1998, S.38.
[10] Krell, *Weltbilder und Weltordnung*, S.149.
[11] Jochen Hills/Jürgen Wilzewski, *Von der imperialen zur medialen Präsidentschaft,* in: ZENAF Arbeits- und Forschungsbericht (ZAF), Frankfurt am Main 1999, S.6.
[12] Monika Medick-Krakau, *Die Außenpolitik der USA,* in: Manfred Knapp/Gert Krell, *Einführung in die Internationale Politik,* S.55.
[13] Ebd., S.58.

gemeinsam.¹⁴ Charakteristisch an der amerikanischen Außenpolitik ist die Tendenz zur Oszillation zwischen Innen- und Außenorientierung, zwischen realistischen und moralistischen Ansätzen und zwischen exekutiver und legislativer Dominanz des außenpolitischen Entscheidungsprozesses.¹⁵ Wie hier gezeigt werden soll, demonstriert die Beibehaltung der Kontinuität eines realistischen Ansatzes in der Außenpolitik der USA nach dem Zusammenbruch der Sowjetunion eine anhaltende Lernunwilligkeit, die einen Korrekturimpuls in der westlichen Politik hemmt. Die Vereinigten Staaten benutzen weiterhin die gleichen Strategien des Kalten Krieges und geraten in die „Realismusfalle", die die vorher existierenden Umstände zu restaurieren droht.¹⁶ In der außenpolitischen Entscheidungsbildung der USA spiegeln sich eine Reihe langwieriger, schwieriger und komplexer Prozesse wider, an denen sich nicht nur Amtsträger und Bürokratien aus der Exekutive, sondern auch Kongressmitglieder beteiligen.¹⁷ Innerhalb dieses politischen Systems gilt es zu hinterfragen, inwieweit Entscheidungen oder Veränderungen im außenpolitischen Raum die gesellschaftlichen Kräfte und Bewegungen in einer durch das Ende des Kalten Krieges veränderten Welt direkt widerspiegeln. Die angewandten Mechanismen und Interaktionsmuster für die gegenseitige Beeinflussung zwischen Entscheidungsträgern und Interessengruppen, um die daraus formierten außenpolitischen Entscheidungen in politische Bestimmungen umzusetzen, sollen hier am Beispiel der langen und schwierigen Beziehungen zweier Staaten dargestellt werden, die sich hinsichtlich der Struktur wirtschaftlich, gesellschaftlich und politisch unterscheiden und sich dennoch aber geographisch unmittelbar nahe stehen. Die Darstellung einer Kombination aus Interessen, innergesellschaftlicher Interaktion und außenpolitischen Entscheidungen stellt eine Linie dar, die als Orientierung dienen soll.

---

[14] Ebd., S.59.
[15] Dittgen, *Amerikanische Demokratie und Weltpolitik*, S.13.
[16] Czempiel, *Friedensstrategien*, S.8.
[17] Dittgen, *Amerikanische Demokratie und Weltpolitik*, S.67.

3. Historisch-ideologische Hintergründe der US-Kuba-Beziehungen

3.1 Der US-Expansionismus

Expansion versteht sich als die Ausdehnung des Herrschaftsgebietes eines Staates oder einer Staatenverbindung. Sie kann – um so definiert zu werden – nicht nur darauf gerichtet sein, die Erweiterung des Territoriums zu verfolgen, sondern kann auch auf die Ausdehnung oder Gewinnung von Einflussgebieten abzielen. Expansionspolitik ist somit die auf Expansion ausgerichtete staatliche Politik.[18]

Bei der historischen Betrachtung der Beziehungen zwischen Kuba und den USA sind Phasen des Expansionswillens in der US-Außenpolitik zu finden, die sich besonders bei der Entstehung der Nation zeigten. Seitdem sich die USA unabhängig erklärt hatten, richteten sie ihre Aufmerksamkeit auf die Grenzen im Süden und Westen des Landes. So äußerte sich schon 1786 Thomas Jefferson bei seiner Beschreibung über die Vision eines zukünftigen Amerikas: *„Our confederacy must be viewed as the nest, from which all America North and South, is to be peopled. We should take care, too, not to think it for the interest of the great continent to press too soon the Spaniards. Those countries can not be in better hands. My fear is that they are too feeble to hold them till our population can be sufficiently advanced to gain it from them piece by piece."*[19]

Die Politik gegenüber den lateinamerikanischen Nachbarn war geprägt von einer Vision der Einbindung, inspiriert durch eine Kombination aus Selbstvertrauen und Motiven, die von einer Mischung aus

---

[18] Reinhart Beck, *Sachwörterbuch der Politik*, Stuttgart 1997, S.237.
[19] Zitiert nach: Peter Schwab, *Cuba confronting the US Embargo*, New York 1999, S.VI.

„Arroganz" und „Aggressivität" begleitet waren.[20] Historisch ist eine ideologisch-politische Linie in der Gestaltung der US-amerikanischen Beziehungen zu Kuba zu beobachten, die sich schon in US-politischen Kreisen vor der Intervention auf Kuba im Krieg gegen Spanien äußerte. Durch die geographische Lage der Insel wurde der Anspruch der USA auf eine Integration Kubas immer lauter. Jefferson konnte schon damals die strategische Bedeutung Kubas für die USA erkennen: *„I candidly confess, that I have ever looked on Cuba as the most interesting addition which could ever be made to our system of States. The control which, with Florida Point, this island would give us over the Gulf of Mexico, and the countries and isthmus bordering on it, as well as all those whose waters flow into it (...)."*[21] Das geographische Element, die Nähe Kubas zu den USA, war und ist eine schwerwiegende Komponente für die Interpretierung der Interessen und Interventionen der Vereinigten Staaten in Zentralamerika und der Karibik, die historisch zurückverfolgt werden können.[22] Als John Quincy Adams, Staatssekretär in der Amtszeit von Präsident James Monroe, dem sechsten Präsidenten der Vereinigten Staaten von Amerika, 1825 insistierte, dass es ein Naturgesetz sei, dass Kuba eines Tages Teil der USA sein wird, also dass es *„gravitate only to the North American Union",*[23] zeigte sich eine klare Linie, die die Außenpolitik der USA auf dem amerikanischen Kontinent in den nächsten Dekaden prägte. Diese Linie endete mit der Erklärung, dass der amerikanische Kontinent eine wichtige Region *„to our peace and safety"* darstellt, was praktisch mit der Begründung der Monroe-Doktrin in Einklang steht. Dadurch wurde 1898 auch das Argument für eine Intervention auf Kuba und den

---

[20] Vgl. Lous A. Pérez, Jr., *The circle of connections: one hundred years of Cuba-U.S. Relations,* in: Ruth Behar, *Bridges to Cuba,* Michigan 1998, S.161.

[21] Jefferson, zitiert nach Darin H. Van Tassell, *Operational Code Evolution: How Central America Came to Be Our Backyard in U.S. Culture,* in: Valerie M. Hudson, *Culture & Foreign Policy,* London 1997, S.246.

[22] Ebd., S.236.

[23] Zitiert nach, Schwab, *Cuba: confronting the U.S. Embargo,* S.VI.

Krieg gegen Spanien geliefert. Damit war der hegemoniale Anspruch der USA, dass die Werte und Interessen für die amerikanische Hemisphäre identisch seien, offensichtlich und jeder europäische Einfluss wurde somit abgelehnt, wie Thomas Jefferson formulierte: „*We consider their interests and ours as the same and the object of both must be to exclude all European influence from this hemisphere.*"[24]

Dafür wurden zu jedem Zeitpunkt in der Geschichte die Argumente und die Begründung geliefert, diese Interessen zu erreichen, da die USA davon ausgingen, dass nur sie die anderen Länder zu Wohlstand und Zivilisation führen können, wie es schon in der Grundlage der Politikgestaltung von Jefferson, Adams oder Monroe zu beobachten war. „*The whole continent as an object of the United States supreme interest, the United States alone being in a position to halt European colonialism and to lead the population of Hispanic origin, incapable of ruling itself, towards civilisation and prosperity.*"[25]

Diese Ereignisse hinterließen eine ideologische Spur, die sich auch heute nach dem Ende des Kalten Krieges traditionsgemäß entdecken lässt. Die heutige US-amerikanische Kubapolitik zeigt auch nach der Wende in Osteuropa Grundgedanken dieser ideologischen Spur. So ist in der „Monroe-Roosevelt-Tradition" der historische Schlüssel der politischen Beziehungen zu finden.[26] Der Prozess bei der Gestaltung der Außenpolitik der USA auf dem amerikanischen Kontinent hatte immer ähnliche Einflussabsichten, durch welche die Interessen der Regierung im Norden in politische Taten umzusetzen

---

[24] Jefferson 1808 über den Befreiungskampf der lateinamerikanischen Länder, zit. nach: Detlef Junker, *Gottes eigener Hinterhof: Die US-lateinamerikanischen Beziehungen,* in: Detlef Junker/D. Nohlen/H. Sangmeister (Hg.), *Lateinamerika am Ende des 20. Jahrhunderts,* München 1994, S.55.

[25] Josef Opatrny, *U.S. expansionism and Cuban annexationism in the 1850s,* Prague 1990, S.161.

[26] Siehe dazu: Jorge Ignacio, Dominguez: *"From the Cold War to the Colder War",* in: Journal of Interamerican studies & world affairs. Vol. 39, Nr. 3: *The Cuban economy in the age of hemispheric integration,* Miami 1997, S.62.

versucht wurden. Die Prosperität, der Wohlstand und die Freiheit sind verwurzelte Argumente der US-Außenpolitik, die auch im 21ten Jahrhundert als Maßstab und wichtiges politisches Instrumentarium für deren Konzipierung gelten.

3. 2 Das ideologische Element der Monroe-Doktrin in der Konzipierung der Beziehungen zwischen den USA und Kuba

Eine der signifikantesten Dokumente der amerikanischen Geschichte, die Monroe-Doktrin von 1823, beinhaltete einen Grundgedanken und die Inspiration für alle folgenden Doktrinen der US-Außenpolitik. Sie war ein ideologisches Testament, welches die Werte der Neuen Welt gegenüber der Alten Welt hervorhebt.

„The American continents, by the free and independent condition, which they have assumed and maintained, are henceforth not to be considered as subjects for future colonization by any European powers. (...) In the wars of the European powers in matters relating to themselves we have never taken any part, nor does it comport with our policy so to do. (...) We owe it, therefore, to candour and to the amicable relations existing between the United States and those powers to declare that we should consider any attempt on their part to extend their system to any portion of this hemisphere as dangerous to our peace and safety",[27] so Monroe 1823. Die Monroe-Doktrin ist heute noch ein wesentliches ideologisches Element der US-amerikanischen Politik, das die Beziehungen zu Kuba charakterisiert, und äußerte sich während der letzten Dekade durch die Kontinuität einer anspruchserhebenden Haltung des Einflusses der Vereinigten Staaten auf dem amerikanischen Kontinent. Die politische Struktur der US-amerikanischen Kubapolitik findet ihre Basis in den Zielen dieser Doktrin, aber vor allem in den 200 Jahren des

---

[27] Monroe 1823, zitiert in: Thomas Meier, *Die Reagan-Doktrin: Die Feindbilder, die Freundbilder,* Bern 1998, S.20.

amerikanischen Einflusses auf die Felder der Politik und Wirtschaft und auf die kulturelle Entwicklung der Insel.[28]

Der demokratische Prozess und dessen Förderung, der heute zu den wichtigen außenpolitischen Zielen der USA gehört, ist schon in den Strukturen der Formulierung der Monroe-Doktrin zu finden. Auch wenn die Monroe-Doktrin im innenpolitischen Kontext entstand und international in der Ablehnung des europäischen monarchischen Absolutismus und Kolonialismus ihre Basis fand, wurde mit ihr von Seiten der USA eine Front gebildet, um die Grenzlinien zwischen Europa und Amerika klar zu definieren. Sicher ist, dass Amerika in der Monroe-Doktrin implizit den Anspruch erhob, die einzige politische Nation auf dem Kontinent zu sein, die Macht in der Neuen Welt als Einflusssphäre ausüben kann.[29] Die Monroe-Doktrin bedeutete eine Mischung aus Hegemonieanspruch gegenüber Lateinamerika, Annerkennung des Grundsatzes der Nichteinmischung, aber auch eine Unterstützung der Unabhängigkeitsbestrebungen auf dem Kontinent.[30]

Diese Doktrin blieb aber nicht in einem zeitlich begrenzten Raum, sondern diente seit den letzten Jahrzehnten des 19. Jahrhunderts zunehmend zur Rechtfertigung US-amerikanischer Ausdehnungs- und Herrschaftsansprüche in Mittel- und Südamerika. Die Doktrin wurde beispielsweise 1901 von Roosevelt zur Rechtfertigung ausgebaut, um im Falle „ständiger Missetaten" oder „zivilisatorischen Unvermögens" in der Hemisphäre intervenieren zu können. Er sah dies als ein Privileg an, das den USA gegeben wurde, um die Führungsrolle auf dem Kontinent zu übernehmen. Bekannt wurde durch ihn die Strategie „*speak softly and carry a big stick*".[31] Dies bedeu-

---

[28] Rafael Hernández, "*Conflict Resolution between the United States and Cuba: Clarifications Premises and Precautions*", in: Archibald R. M. Ritter/ John M. Kirk, *Cuba in the international system: normalization and integration*, London 1995, S.179.
[29] Van Tassell, *Operational Code Evolution*, S.247.
[30] Peter Schäfer, *Die Präsidenten der USA*, Köln 1993, S.63.
[31] Ebd., S.239f.

tete für die neu entstehenden lateinamerikanischen Nationalstaaten eine Legitimierung der USA, aktiv zu werden, um innerhalb des Kontinents höhere demokratische Ziele zu erreichen, auch wenn trotz der verfolgten Werte und Ideale der US-amerikanischen Lateinamerika-Politik nicht verhindert werden konnte, dass die Vereinigten Staaten in historisch entscheidenden Momenten militärische oder diktatorische Regime unterstützten.[32] Der Grundsatz der Monroe-Doktrin, der auch im Großen und Ganzen von den europäischen Mächten respektiert wurde, ist geblieben: „Amerika den Amerikanern."[33] Der ideologische Aspekt dieser Tradition wird in einem späteren Kapitel zu behandeln sein, in dem das Instrumentarium der Sanktionen thematisiert wird und Parallelen zu dieser Doktrin hergestellt werden.

3. 3 Die Sicherung der Hegemonie: Der spanische Krieg

Eine Analyse der Beziehungen zwischen den USA und Kuba erweist sich auch in den 90er Jahren als schwierig, wenn sie nicht im Lichte der Geschichte betrachtet wird. Diese kann als die einzige Tür gesehen werden, um sich dem Konflikt zwischen beiden Ländern nähern zu können. Der Ausgangspunkt soll innerhalb dieser Abhandlung das Ende des Kalten Krieges sein, dennoch muss ein Blick auf die Unabhängigkeit Kubas von Spanien im Jahr 1898 und die Einflussrolle der USA in Lateinamerika geworfen werden, um den aktuellen Gegenstand der Beziehungsdebatte interpretieren zu können, denn gerade zu der Zeit wurden die ideologischen Leitlinien der Außenpolitik der Vereinigten Staaten auf dem amerikanischen Kontinent festgelegt.

Durch den Krieg mit Spanien betrat die US-amerikanische Nation die internationale weltpolitische Bühne. Die Lateinamerika-Politik der USA hatte durch diesen Krieg zwei Funktionen: erstens diente sie

---

[32] Leo Gabriel, *Die globale Vereinnahmung und der Widerstand Lateinamerikas gegen den Neoliberalismus*, Frankfurt am Main 1997, S.7.
[33] Ebd., S.7.

dem Aufbau einer hegemonialen, im karibischen Raum meistens einer imperialen Position und zweitens der Abschaffung des Einflusses raumfremder Mächte.[34] Die Befreiung Kubas von fremden Mächten war in diesem Zusammenhang einer der Gründe, den die USA formulierte, um in den Krieg zu ziehen. Schon im Jahr 1897 gestand Spanien der Insel eine breite Autonomie zu, doch dieses Zugeständnis wurde von den kubanischen Rebellen und Lobbyisten abgelehnt. Diese Ablehnung gewann auch deshalb an Gewicht, weil die Bevölkerung der Vereinigten Staaten durch die *„Propaganda der Exilkubaner"* und der amerikanischen *„Yellow Press"* darauf fixiert war, Kuba zu befreien.[35] Theodore Roosevelt, damals Assistenzsekretär der US-Marine, drängte Präsident William McKinley zu intervenieren. Da sich Gerüchte verbreiteten, dass die US-amerikanischen Bürger auf Kuba in Gefahr seien, erklärte der US-amerikanische Kongress, dass die USA *„should be prepared to protect the legitimate interests of our citizens, by intervention if necessary."*[36] Daraufhin erfolgte die Entsendung des US-Kriegschiffes Maine, dessen Explosion im März 1898 in der Bucht von Havanna den USA die Argumente lieferte, in den Krieg gegen Spanien zu ziehen, um dessen strategischen Posten in der Bucht von Santiago zu zerstören. Obwohl die spanische Regierung sich bereit erklärt hatte, ihre Kolonie Kuba aufzugeben, entschied US-Präsident McKinley, Spanien den Krieg zu erklären.[37] Der Präsident bat mit den Worten: *„The only hope of relief and repose from a condition, which can no longer be endured, is the enforced pacification of Cuba"*[38] den US-

---

[34] Junker, *Gottes eigener Hinterhof*, S.49.

[35] Ralph Dietl, *USA und Mittelamerika: Die Außenpolitik von William J. Bryan*, Stuttgart 1996, S.50.

[36] Bei einer Erklärung des Kongresses im Jahr 1896. Zit. nach: Peter Hopkinson Smith, *Talons of the eagle: dynamics of U.S.-Latin American relations*, NewYork 2000, S.34.

[37] Khan Mansur, *Die geheime Geschichte der amerikanischen Kriege: Verschwörung und Krieg in der US-Außenpolitik*, Tübingen 1998, S.503.

[38] McKenly 1898, nach: Jane Franklin, *Cuba and the United States*, New York 1997, S.8.

Kongress um eine Zustimmung für eine militärische Intervention auf Kuba. Der Kongress erklärte im April des gleichen Jahres, dass Kuba das Recht hat, frei und unabhängig zu sein und befähigte mit einer Extraklausel den Präsidenten, falls die Freiheit Kubas in Gefahr geraten würde, militärische Kraft einzusetzen: *„The United States has no intention to exercise sovereignty, jurisdiction, or control over that Island except for the pacification thereof."*[39] Nachdem Spanien kapituliert hatte und auch die Macht über Puerto Rico und die Philippinen mit dem Vertrag von Paris im Dezember 1898 an die USA übertrug, wurde die Insel von den US-amerikanischen Truppen drei Jahre okkupiert. Bei der Unterzeichnung dieses Vertrages gab es keine kubanischen Vertreter und die Flagge auf Kuba war auch nicht die kubanische, sondern die amerikanische. So war der Krieg, der für die Befreiung Kubas gestartet worden war, in der internationalen politischen Wahrnehmung *„a war to expand the American empire."*[40] Mit der Intervention der USA durch den Krieg gegen Spanien gaben die Vereinigten Staaten ihren traditionellen Grundsatz der Nichteinmischung auf.[41] Das Jahr 1898 lässt sich als Ausgangspunkt für eine Reihe von Interventionen und die Ausübung von Einfluss der USA in der Karibik einordnen.

3. 4 Die Sicherung der Intervention: Das *"Platt Amendment"*

Bevor Kuba als Republik proklamiert worden war, wurde das sogenannte *„Platt Amendment"* in die Verfassung Kubas eingefügt, mit dem Ziel der *„preservation of Cuban independence, and the maintenance of a government adequate for the protection of life, prosperity, and individual liberty."*[42] Somit beriefen sich die USA auf die edelsten Fundamente für die Emanzipation Kubas, ohne dabei jedoch zu

---

[39] Ebd., S.8.
[40] Smith, *Talons of the eagle*, S.34.
[41] Herbert Dittgen, *Präsident und Kongress im außenpolitischen Entscheidungsprozess*, in: Wolfgang, *Jäger* / Wolfgang, *Welz* (Hg.), *Regierungssystem der USA*, München 1995, S.421.
[42] Smith, *Talons of the eagle*, S.34.

erwähnen, dass die Interessen der USA in der Region der Schutz der „Windward-Passage" sowie die Annexion von Puerto Rico, der Schutz der „Mona-Passage" und der Philippinen zur Sicherung des Asienhandels waren.[43] Durch den Krieg erreichten die USA mehr Macht in der Weltpolitik, linderten Konflikte im eigenen Land, schufen neue Absatzmärkte und gewannen Rohstoffquellen.[44] Außerdem sicherten sich die USA das Recht, auf Kuba militärisch zu intervenieren, wenn sie es für notwendig hielten. Und so ist dies auch in den Jahren 1906, 1912, 1917, 1920 und 1933, ein Jahr bevor die USA das „Platt Amendment" aufgehoben hatten, der Fall gewesen – allerdings mit der Ausnahme, dass die USA weiter die Station von Guantanamo behalten können, denn die Lage dieser militärischen Basis befindet sich fast in einer geraden Linie zu Panama. Da der Panamakanal für die USA von strategischer Bedeutung war und immer noch ist, verwandelte sich die Bucht von Guantanamo in einen wichtigen Ort für die Stationierung von Militärs im Fall von Konflikten in der Karibik. Bis heute zahlen die USA an Kuba umgerechnet 5000 US$, um den legalen Charakter der Basis zu rechtfertigen.[45] Das „Platt Amendment" wurde somit zum Vorbild für die Gestaltung der Beziehungen der Vereinigten Staaten zu den karibischen und zentralamerikanischen Ländern und diente der Sicherung der Monroe-Doktrin. Roseevelt hatte damit den Grundstein für die zukünftige Politik in der Region gelegt.[46] Auf Grund dieses Vertrages verzichtete Kuba auf seine Souveränität und blieb ein Protektorat der USA mit großen Vorteilen im Exportbereich, so dass die Tarife für Zucker niedrig waren und die Exportpreise höher bezahlt wurden als die offiziellen internationalen Preise. Dies kann praktisch analog zu den vielen Jahren des kubanischen Handels mit der Sowjetunion

---

[43] Dietl, USA und Mittelamerika, S.51.
[44] Mansur, Die geheime Geschichte der amerikanischen Kriege, S.98.
[45] Siehe hierzu eine ausgearbeitete Analyse über die militärische Basis der USA in Guantanamo von Felipa Suárez/Pilar Quesada, A escasos metros del enemigo: historia de la brigada de la frontera, La Habana 1996, S.16.
[46] Dietl, USA und Mittelamerika, S.74.

interpretiert werden. Die Monokultur und die Konzentration auf Agrarprodukte waren nicht nur durch den Einfluss der Sowjetunion zu Stande gekommen, sondern hatten ihren Ursprung schon im US-amerikanischen Protektorat und in der zunehmenden Abhängigkeit Kubas von den Vereinigten Staaten. Unter den Bedingungen dieser Abhängigkeit vollzog sich die endgültige Umwandlung Kubas zur Zuckerinsel. Vorzugspreise und Abnahmegarantien, die die USA der Insel gewährten, mussten von Kuba durch Zollpräferenzen für Fertigwarenimporte aus den Vereinigten Staaten als Gegenleistung zugesichert werden. Der Krieg mit Spanien brachte Kuba formell die politische Unabhängigkeit und wurde durch das so genannte „*Platt Amendment*" erheblich eingeschränkt. [47]

---

[47] Karin Stahl, *Kuba,* in: Dieter Nohlen/ Franz Nuscheler, (Hg.) *Handbuch der Dritten Welt,* Bonn 1995, Band 3, S.481f.

4. Der außenpolitische Anspruch ethnischer Gruppen in den USA am Beispiel der „*Cubano- Americanos*"[48] in Miami

In diesem Kapitel soll der Frage nachgegangen werden, inwieweit sich der Einfluss auf die Politikgestaltung der Beziehungen zwischen Amerika und Kuba im Zusammenhang mit dem Agieren der Exilkubaner in den USA erklären lässt. Auf Grund der ethnischen Pluralität, die die US-amerikanische Gesellschaft ausmacht, werden außenpolitische Probleme, die eine bestimmte Gruppe betrifft – je nach Ausmaß des Problems und nach Größe der Gruppierung – zum innenpolitischen Thema. Denn mit dem Problem lassen sich die Gruppen politisch mobilisieren. Dies bedeutet, dass außenpolitische Entscheidungsprozesse auch von Interessengruppen mit elektoraler Sanktionskraft und hohem publizistischen Mobilisierungspotential beeinflusst werden können. So werden besonders ethnische Interessengruppen auffällig, die hinsichtlich ihrer jeweiligen Heimatländer die US-Politik mitgestalten wollen.[49] Es lässt sich somit die Frage stellen, ob die amerikanische Außenpolitik eine populäre Außenpolitik ist.[50] Die gegenwärtige *cubano-amerikanische* Gemeinschaft in den USA bildet eine schon historische Grundlage, deren Konfiguration die Dynamik der Beziehungen zwischen den Vereinigten Staaten und Kuba widerspiegelt. Die politischen Tendenzen, die innerhalb dieser Gruppierungen entstehen und durch soziale, wirt-

---

[48] In der politischen Debatte über die Beziehung zwischen den USA und Kuba erscheint in der englischen Literatur die Bezeichnung *Cuban-American*. Damit sind die aus Kuba stammenden und in die USA integrierten US-amerikanischen Bürger gemeint. In der spanischen Literatur wird diese Gruppe *Cubano-Americanos* genannt. Bei der Formulierung auf deutsch erweist es sich als schwierig, eine direkte Übertragung dieser Bezeichnung zu machen. Aus diesem Grund wird die Gruppe im Verlauf dieser Arbeit *Cubano-Americanos* genannt.
[49] Dittgen, *Präsident und Kongress im außenpolitischen Entscheidungsprozeß*, S.447.
[50] Vgl. Robert Strausz-Hupé, *Democracy and American Foreigns Policy*, New Jersey 1995, S.75.

schaftliche und ideologische Faktoren beeinflusst werden, charakterisieren die Evolution der Gruppen und ihre Entwicklungslinien. Die *cubano-amerikanische* Gemeinschaft besitzt gleichzeitig eine wichtige Rolle als aktives und politisch richtungsweisendes Element in den bilateralen Beziehungen. Diese Gemeinschaft und deren Einfluss ist auch durch die verschiedenen Phasen der Einwanderung, ihres Integrationsprozesses und ihres politischen und wirtschaftlichen Interesses zu differenzieren.

4. 1 Die kubanischen Einwanderer zwischen Integration und Contrarevolution

Bei diesem Kapitel muss mit dem Jahr 1959, dem Zeitpunkt der kubanischen Einwanderung in die USA begonnen werden. Durch die Machtergreifung der Castro-Truppen zerbrach das Batista-Regime und Tausende von Kubanern verließen die Insel in Richtung Norden. Die begonnene Auswanderung zu der Zeit bestand vor allem aus einer Mittelklasseschicht, die sich in Miami etablierte.[51] Dies brachte für die Region in Florida, wo sich viele niederließen, gesellschaftliche Probleme mit sich. Die Ankunft kubanischer Immigranten seit 1959 verursachte in dem Gebiet anfänglich eine Zunahme der Arbeitslosigkeit, eine Verkürzung der Gehälter und eine Verschlechterung der Sozialhilfe. Doch gerade wegen des US-amerikanischen Flüchtlingsprogramms und den staatlichen Investitionen für den geheimen Kampf gegen Kuba haben die Exilkubaner die Wirtschaft in der Region bedeutend angeregt.[52] Nicht nur die CIA investierte Gelder in die Region, sondern auch die privaten Investitionen generierten zu einer wirtschaftlichen Infrastruktur, die eine

---

[51] Vgl. Bryan R. Roberts, *Socially Expected Durations and the Economic Adjustment of Immigrants,* in: Alejandro Portes, *The Economic of Immigration,* New York 1992, S.65.

[52] Eine ausführliche Analyse über die Projekte der CIA in Florida, basierend auf freigegebene Daten der Organisation, befindet sich in: Tomás Diez Acosta, *La guerra encubierta contra Cuba: documentos desclasificados de la CIA,* La Habana 1997.

eigene Dynamik erreichte. Diese Aufschwung trug dazu bei, dass
das private Einkommen zunahm sowie viele Verbindungen zu ursprünglich contrarevolutionären Kubanern entstanden. Die Einwanderer der jüngsten Zeit seit Anfang der 90er Jahre sind im
Durchschnitt junge Kubaner bis 40, die eine bessere technische
Ausbildung als die Auswanderer der 60er Jahre besitzen. Sie haben
keine contrarevolutionäre politische Haltung und kritisieren deshalb
auch die Intoleranz der Ultrarechten in Miami.[53] Es muss also eine
Differenzierung zwischen den Auswanderern der 60er Jahre und
denen ab den 90er Jahren vorgenommen werden. Die Ersteren
kann man als „Cubano-Americanos" bezeichnen, da sie, wie erwähnt, einen Integrationsprozess durchgemacht haben, im Gegensatz zu dem Fall der Zweiten, die nicht die erwartete persönliche
Entfaltung gefunden haben. Die zweite und dritte Generation der
Immigranten sehen vor allem in der wirtschaftlichen Unterstützung
der zurückgebliebenen Familien eine Priorität und nicht in der politischen Anti-Castro-Gesinnung, die bei der ersten Generation der
60er Jahre vorwiegend dominierte.[54] Diese Gruppen, die in den 60er
und 70er Jahren Organisationen mit militärischem Charakter, mit
dem Ziel in kubanisches Territorium einzudringen, gründeten,
mussten sich nach dem Scheitern solcher Versuche, – wie beispielsweise in der Schweinebucht im Jahr 1961- vor allem in der
Dekade der 80er Jahre in die gesellschaftlichen, wirtschaftlichen
und politischen Strukturen der USA zu integrieren beginnen, da die
Perspektiven einer schnellen Lösung des Konflikts, durch den Kalten Krieg begünstigt, immer ferner rückten. Die Gründe für diesen
für die Cubano-Americanos – im Vergleich zu anderen lateinamerikanischen Gruppen in der Region – entstandenen Vorteil, sich in die

---

[53] Eine offene Debatte kubanischer Experten über die Beziehungen beider Länder und die Rolle der Exilkubaner findet man in der Arbeit mit dem Titel: "El conflicto Cuba-EE.UU." o.V. in: Contracorriente una revista cubana de pensamento, año 2 N°6, La Habana 1996, S.137.

[54] Mit der zweiten und dritten Generation sind hier die Flüchtlingsgruppen gemeint, die Anfang der 80er und Anfang der 90er Jahre aus Kuba geflohen sind.

amerikanischen gesellschaftlichen Strukturen zu integrieren und Politik in den USA zu gestalten, sind so vor allem während der Auswanderungsphase nach 1959 und in der von den USA betriebenen Einwanderungspolitik, die diese neuen Immigranten begünstigte, auszumachen.[55] Die ersten Flüchtlinge aus den Revolutionsjahren haben mittlerweile einen Integrationsprozess durchlebt, daher kann man sie heute nicht mehr unter dem Begriff „Exilkubaner"[56] einordnen. Sie stellen eine Einwanderungsgruppe unter vielen innerhalb der ethnischen Minderheiten in den Vereinigten Staaten von Amerika dar. Der gewonnene Einfluss macht aus ihnen jedoch den bereits erwähnten machtpolitischen Faktor in der US-Innenpolitik, deshalb können sie in entscheidenden Situationen die eigenen Reihen mobilisieren, wie es im Kongress bei der Durchsetzung der Sanktionen gegen Castro der Fall war. *„Cuban American lobbies mobilized to tighten economic sanctions on Cuba. The goal was to stop foreign investment in Cuba and, if possible, to impair Cuban trade."*[57] Dieses Instrumentarium der Sanktionen wird später in Kapitel fünf behandelt.

4. 1. 1 Ethnische Bevorzugung im ideologischen Kampf

Die massive Ankunft kubanischer Immigranten seit 1959 traf mit der Zunahme der staatlichen Investitionen der USA im produktiven Sektor der lateinamerikanisch-wirtschaftlichen Kräfte in der Region Floridas zusammen. Die Regierung zeigte besonderes Interesse und gewährte den neuen Einwanderern eine Unterstützung, die mit

---

[55] Vgl. John T. Tierney, *Congressional Activism in Foreign Policy: Is Varied Forms and Stimuli*, in: David A. Deese, *The New Politics of American Foreign Policy*, New York 1994, S.117.

[56] Als Exilkubaner sind hier die Kubaner gemeint, welche sich aus politischen Gründen im Ausland aufhalten. Hier ist es wichtig, zwischen den Kubanern, die aus politischen Gründen fliehen und denen, die aus wirtschaftlichen Gründen das Land offiziell und legal verlassen, zu differenzieren. Siehe Reinhart Beck, *Sachwörterbuch der Politik*, Stuttgart 1977, S.236.

[57] Domínguez, *U.S.-Cuba relations: from the Cold War to the Colder War*, S.62.

der kubanischen Revolution zusammenhing, denn man wollte mit diesen Gruppen ein Erfolgsmodell schaffen, das sich im passenden Moment zur politischen Kraft entwickeln und die kubanische Revolution ersetzen sollte. So wurden diese Gruppen zu einem Beispiel der „*refugiados privilegiados por el establishment.*"[58] Durch die Bevorzugung der Flüchtlinge konnte eine schnelle Integration dieser Gruppen erreicht werden. Dies bedeutete für viele der ersten kubanischen Immigranten, dass sie eine Arbeitsmöglichkeit finden konnten, da sie nicht nur entsprechende Qualifikationen, sondern auch die Verbindung zu US-amerikanischen Firmen hatten. Auf diese Art und Weise konnten die ersten kubanischen Einwanderer die Situation und die Bereitschaft der Regierung, Gelder in die Region zu investieren, ausnutzen. Das menschliche Kapital, das die Kubaner mit sich brachten, trug zu einer wichtigen Entwicklung im Süden Floridas bei, da der Bildungsstandard der neuen Einwanderer in Relation zu anderen lateinamerikanischen Gruppen, wie beispielsweise aus Mexiko, Haiti oder Puerto Rico, höher war.[59] Diese Einwanderer dienten auch als Basis für die Entwicklung zu einem „*Mercado de preferencia étnica.*"[60] Viele qualifizierte Arbeitskräfte wurden eingesetzt und bekamen wichtige Positionen im administrativen Sektor sowie als technische und professionelle Berater großer US-amerikanischer Firmen, die mit Lateinamerika Geschäfte pflegten. Die Ambivalenz zwischen Integration und Contrarevolution der kubanischen Einwanderer bildet zwei Komponenten, die sich im späteren Verlauf der gesellschaftlichen Assimilierung in den US-politischen und wirtschaftlichen Strukturen äußert. Der Unterschied beider Komponenten der contrarevolutionären Bewegung in diesem wichtigen historischen Kontext wurzelt in ihrer Entstehungsform

---

[58] Übers.: "priviligierte Flüchtlinge des Establishments." Nach Rafael Hernández, *Cuba y los cubano-americanos: el impacto del conflicto EE.UU –Cuba en sus relaciones presentes y futuras* in: *Cuadernos de nuestra América*, Vol. 12, N°23, La Habana 1995, S.11.

[59] Wolfgang Jäger, *Regierungssystem der USA*, München 1995, S.17.

[60] Übers.: „Markt ethnischer Bevorzugung" nach: Jesus Arboleya Cervera, *La contrarevolución cubana*, La Habana 1997, S.212.

sowie in ihrer politischen Komposition mit dem Stützpunkt außerhalb und nicht innerhalb des kubanischen Territoriums. So musste die Bewegung in den USA eine soziale Grundlage für ihre Behauptung finden, da in der kubanischen Gesellschaft der politische Rahmen nicht gegeben war. Diese Transformation veränderte auch die politisch und ideologisch traditionelle Orientierung der Einwanderungsgruppen aus Lateinamerika in den USA. Der neuen Einwanderungswelle wurde eine contrarevolutionäre Funktion zugewiesen, indem sie durch das „*Establishment*"[61] eine besondere Behandlung von Washington bekam. Vergleichbar ist die Privilegierung der Kubaner mit der von den Chinesen, Vietnamesen und Koreanern, denen eine schnelle Integration durch die Flüchtlingspolitik der USA gelang.[62] Es ist in diesem Zusammenhang wichtig, die Exilkubaner und die Contrarevolution unter dem Blickwinkel der bilateralen Beziehungen zu betrachten und es muss dabei auch beachtet werden, dass die heutige politische Strukturierung eine andere als die von 1959 ist – dies besonders seit der Gründung der *„Cuban American National Foundation"* (C.A.N.F.) in den 80er Jahren.

4. 2 Die „Cuban-American National Foundation"

4. 2. 1 Entstehung und Aufschwung in der ideologischen Konfrontation unter der Reagan-Administration

Die Tatsache, dass das Thema Kuba im US-amerikanischen Kongress nicht dasselbe Gewicht hat wie andere Themen zur Europapolitik, zu Osteuropa oder zum Nahen Osten – die sich wiederum auf die Innenpolitik des Landes auswirken können – lässt ein Vakuum zurück, das von den Exilkubanern gefüllt wird und im Zusam-

---

[61] Der Begriff versteht sich als ein in der außerparlamentarischen Opposition gebrauchtes kritisches Schlagwort für die polit. gesellschaftl. führenden Gruppen im Staat und die von ihnen beherrschten polit. wirtschaftl. Institutionen, deren faktische Herrschaft in Staat und Gesellschaft und Wirtschaft so gesichert etabliert wird. Siehe: Beck, *Sachwörterbuch der Politik*, S.234.

[62] Jäger, *Regierungssystem der USA*, S18.

menhang mit der Gleichgültigkeit der US-amerikanischen Öffentlichkeit zur Kubafrage steht. Dieses Desinteresse und diese Desinformation bezüglich der Kubaproblematik in der US-amerikanischen Öffentlichkeit führt dazu, dass dieselbe von Interessengruppen dominiert wird, wie es in Florida der Fall ist.

Die Organisation entstand 1981 auf Grund einer US-amerikanischen Initiative und als Teil des „demokratischen Projekts", das von William Casey, der sich damals an der Spitze der CIA befand, gefördert wurde. Ziel des Projekts war, eine Unterstützung innerhalb und außerhalb der USA für die von der Reagan-Administration geplanten Außenpolitik zu suchen. „(...) to maintain a relentless call for political, economic and moral pressure on Castro´s regime until his unconditional withdrawal from power, so that the Cuban people may exercise their right to self-determination. Cuba will be free. Whether it is tomorrow, next month, or next year, we will not stray from our course",[63] so die Formulierung Reagans. Zweck dieser Initiative war vor allem die Suche nach Instrumenten und neuen diplomatischen Interventionsmechanismen mittels einer politischen Unterstützung für Gruppen, die auf die gleichen Interessen wie die der Reaganregierung ausgerichtet waren. Die politische Hilfe ergänzte die diplomatischen Mechanismen, die wirtschaftliche Unterstützung und die militärische Mitarbeit, um die Hegemonie der USA in der zweiten Nachkriegszeit zu behaupten.[64]

4. 2. 1. 1 Das „Demokratieprojekt"

Die Anziehungskraft und die Organisation der kubanischen Contrarevolution waren die wichtigsten und wesentlichen Komponenten, die nach dem Sieg der Revolution im Jahr 1959 zu der nordamerikanischen Kubapolitik gehörten, wobei Washington eine schnelle Lösung des Problems schon im Oktober des gleichen Jahres durch

---

[63] Reagan 1981, zit. nach: Schwab, *Cuba: Confronting the U.S. embargo*, S.137.
[64] Ebd., S.21.

den Angriff US-stationierter Flugzeuge und mit Hilfe von Exilkubanern suchte. Die von der CIA organisierte Invasion auf Kuba endete in einem Fiasko in der Schweinebucht.[65]

Direkte Aktionen der CIA haben nach dem Fehlschlag in der Schweinebucht nicht auf die gleiche Art stattgefunden. Es wurden besonders in den 80er Jahren unter der Reagan-Administration andere Instrumente entwickelt, die im Rahmen der politischen Strategie dieser Regierung im ideologischen Kampf gegen den Einfluss der Sowjetunion standen. Das „Demokratieprojekt"[66] (National Endowment for Democracy – NED) entstand 1983 als öffentliches Instrument, um die politischen Interventionen zu kanalisieren sowie verdeckte Operationen, unter anderem die illegale Unterstützung der Contrarevolution in Nicaragua, die mit der Iran-Contra-Affäre endete, zu fördern. Bis dahin waren alle Interventionsprojekte, auch auf Grund ihrer möglichen internationalen Reaktionen, von der CIA durchgeführt worden. Dies ließ sich schon im Jahr 1960 in den Plänen für eine Intervention auf Kuba mit einer Investition von 50 Mill. US$ erkennen.[67] Unter den Bestimmungen der genehmigten Gesetzgebung war das NED für die Förderung freier und demokratischer Institutionen auf der Welt – vor allem für die Initiativen, die von dem privaten Sektor ausgingen – zuständig. Weitere Aufgaben waren die Vereinfachung des Austausches zwischen den USA und privaten Gruppen im Ausland, aber auch die Förderung US-amerikanischer Nichtregierungsorganisationen für das Training und die Schaffung neuer demokratischer Institutionen in anderen Ländern.[68]

---

[65] Mansur, *Die geheime Geschichte der amerikanischen Kriege,* S.513.
[66] Vgl. Eine Beschreibung der US-amerikanischen Aktionen im Mittelamerika der 80er Jahre, in: John Prados, *President´s Secret Wars: CIA and pentagon convert operations from world war II Through the Persian Gulf,* Chicago 1996, S.398-418.
[67] Sara Mas, *„Denuncian acciones subversivas de EE.UU. y la SINA",* in: Granma International, 24 (01/2001), S.1
[68] Vgl. Lilia Bermúdez, *El futuro de las relaciones Estados Unidos – America Latina bajo el gobierno de Clinton,* in: Guillermo Manuel Ungo, *Documento*

Die Stärkung der Wahlprozesse im Ausland mittels geeigneter Maßnahmen im Bereich der Kooperation mit vor Ort demokratischen Kräften gehörten zu ihren Aufgaben, aber auch die Unterstützung einer Beteiligung der zwei wichtigsten politischen Parteien, Gewerkschaften, Unternehmen und anderen Gruppen aus den USA, die mit verwandten Organisationen im Ausland in Verbindung standen. Vor allem wurden solche unterstützt, die für kulturelle Werte, Pluralismus und Demokratie und für die Ermutigung des Wachstums und der anhaltenden demokratischen Entwicklung sowie für die nationale Sorge und Interessen der Vereinigten Staaten eintraten.[69]

Durch die Ausrichtung dieser Regierung fanden besonders jene NGOs, die mit der Politik Reagans im Einklang standen, Unterstützung.[70] Die Exilkubaner wurden somit durch diese Politik begünstigt. Ab dieser Dekade des Integrationsprozesses kann man von den *Cubano-Americanos* sprechen. Indem durch die Gründung der C.A.N.F. von ultrakonservativen Kubanern andere Einflusswege innerhalb der US-amerikanischen politischen Strukturen zu suchen begonnen wurde, fingen sich auch die politischen Instrumentarien der contrarevolutionären Gruppen im Exil zu transformieren an, um den Druck seitens der USA gegenüber Kuba in der politischen Diskussion zu positionieren und zu verstärken. Die C.A.N.F. suchte eine politische Profilierung und fand eine Affinität zu den konservativen amerikanischen Parteien.

4. 2. 2 Die politische Affinität der Organisation

An sich ist Kuba kein relevantes Thema der Außenpolitik der USA mehr, sondern eher ein häuslich politischer Inhalt geworden, der

---

de Trabajo, Serie Análisis de la Realidad Nacional 94-8, San Salvador 1994, S.4f.
[69] Joel M. Wodman: *The National Endowment for Democracy, Foreign Affairs and National Defence Division, Congressional Research Service*, Washington, 21. Juni 1985, S. 9.
[70] Saul Landau, *"No Mas Canosa: The death of Cuban political figure Jorge Mas Canosa"*, in, www.findarticles.com, March 1999, S.6.

sich besonders durch die Schlüsselrolle bei den Präsidentschaftswahlen der USA in Florida auswirkt. Das Erreichen der *Cubano Americanos* in Florida ist bei dem Wettbewerb der zwei mächtigsten Parteien um die Präsidentschaft von besonderer Wichtigkeit, wie beispielsweise bei der Wahlentscheidung im Jahr 2000, wo die Zahl der Stimmabgaben für Demokraten und Republikaner nahe beieinander lagen. Durch die Konzentration und die Machtgewinnung der *Cubano Americanos* im Süden Floridas wird die Kubafrage besonders bei Präsidentschaftswahlen zum Mittelpunkt der Interessen der Region hochgespielt, da Florida immer als „*a Key State in the presidential election*" betrachtet wurde, wo „*candidates of both parties have vied for Mas Canosa´s approval, seeing him as vital and influential to winning the state.*"[71] Dadurch macht sich die Kubapolitik der Vereinigten Staaten auch abhängig. Das heißt, republikanische und demokratische Politiker in den USA waren also interessiert, die Verbindung zu dem mittlerweile verstorbenen Direktor der C.A.N.F., Mas Canosa[72], zu suchen, der als wichtiger Schlüssel galt, um die potentiellen kubanischen Wahlberechtigten in Miami zu erreichen.[73] Die ultrakonservativen *Cubano-Americanos* in Florida sind somit weiterhin ein wichtiger Bestandteil innerhalb des kubanisch-politischen Spektrums in den USA, besonders bei der Interpretierung der Beziehungen beider Länder. Dieser machtpolitische Bestandteil ist nicht nur an der Effizienz und dem Erfolg in der Ausübung politischen Drucks und an den erreichten und zur Verfügung stehenden

---

[71] Schwab, *Cuba: confronting the U.S. embargo*, S.138.

[72] Mas Canosa galt in seiner Position als Direktor der C.A.N.F. als der einflussreichste Akteur in US-politischen Kreisen, der die Beziehungen zwischen den USA und Kuba jahrelang prägte. Sein Tod im Jahr 1997 war ein schwerer Schlag für die kubanischen Konservativen in Miami mit ihren politischen Aktionen gegen die Castro-Regierung. Siehe dazu: Landau, *"No Mas Canosa. The death of Cuban political figure Jorge Mas Canosa"*, S.1-15.

[73] Vgl. H. Michael Erisman, *U.S.-Cuban Relations: Moving Beyond the Cold War to the New International Order?*, in: Ransford W. Palmer (Hg.), *The Repositioning of U.S.-Caribbean Relations in the New World Order*, Westport 1997, S.58.

finanziellen Möglichkeiten zu beobachten, sondern vor allem auch an der Fähigkeit, sich an die amerikanischen Umstände und Verhältnisse anzupassen sowie an ihren entwickelten Kenntnissen, „política a lo americano"[74] zu betreiben. Auch wenn es innerhalb der cubano-amerikanischen Gemeinde andere Gruppierungen und Organisationen moderater Haltung gibt, konnten nur die Ultrarechten durch ihre politische Affinität zu den US-republikanischen Konservativen gute Positionen erlangen. Es muss aber erwähnt werden, dass sich das Bild von den Cubano-Americanos allmählich verändert hat. Denn wenn die von der C.A.N.F. vertretenen Gruppen früher nur von den Republikanern als wichtiges Instrument der Einflussnahme in der Region gesehen wurden, entscheiden die Gruppen heutzutage, wann, wie und unter welchen Bedingungen eine politische Partei, also auch die der Demokraten, Unterstützung bekommen soll. Mittlerweile kann man sagen, dass sie einfach je nach Situation und Fall den Präsidenten unterstützen. Die Gruppen, die sich in der C.A.N.F. versammeln, profitierten besonders von der antikommunistischen Politik der Republikaner unter der Reagan-Administration, die ihnen einen politischen Raum innerhalb der US-amerikanischen Gesellschaft verschafft hat, um den Kommunismus in der Region, durch die Unterstützung von Regimegegnern, zu bekämpfen. Reagan verfolgte eine harte Linie gegen Kuba und machte Castro für die Verschärfung der Kriege in Zentralamerika verantwortlich.[75] So hatte Reagan 1985 der C.A.N.F. die Verantwortung für „Radio Marti" – ein Radiosender aus den USA, der Kuba erreicht und eine Anti-Castro-Haltung hat – zur Verwaltung übertragen. Der Sender war bis zum Tod von Mas Canosa unter dessen Führung und erhält heute noch jährliche Subventionen von bis zu 286 Mio US$.[76] In den 80er Jah-

---

[74] Übers. „Politik auf amerikanisch" nach José R. Cabañas zitiert in: *El conflicto Cuba-EE.UU.* in: *Contracorriente una revista cubana de pensamento*, S.132.
[75] Vgl. dazu William M. LeoGrande, *"From Havana to Miami: U.S. Cuba Policy as a Two-Level Game"*, in: Coral Gables, Journal of Interamerican Studies and world affairs, *40, (1/1998)*, S.72.
[76] Schwab, *Confronting the U.S. Embargo*, S.138.

ren wurden somit die Exilkubaner in Miami begünstigt und gewannen den Einfluss, der sich auch auf die heutige Konzipierung der US-Politik gegenüber Kuba auswirkt. Die politische Affinität an die republikanische Partei in den USA wurde besonders durch die Schaffung von Radio und Fernsehen „Martí" während der Reagan- und Bushadministration befestigt.[77] Die *Cubano-Americanos* gewannen also an Bedeutung und avancierten zum wichtigen Faktor für die Gestaltung der US-Kubapolitik der 90er Jahre. Die Exilkubaner entwickelten nicht nur in der lokalen Politik, sondern auch in der Suche nach Verbindungen auf Kongressebene die Fähigkeit des politischen Agierens. *„(...) The exiles interfere with the adoption of a rational US policy towards Cuba, thanks to an interweaving of local commitments, links with American political organisations and personal connections which reach as far as Congress."*[78] Die strenge US-amerikanische Politik gegenüber Kuba und die daraus resultierenden Vorteile und Begünstigungen für die Exilkubaner sind das Fundament für die Stärke der contrarevolutionären Einstellung, die sich auch seit der Machtübernahme Castros in der US-Strategie, Kuba diplomatisch und ökonomisch zu isolieren, widerspiegelt. Nicht nur aus historischen Gründen wirkt die *cubano-amerikanische* Gemeinde einer Verbesserung der Beziehungen zwischen den USA und Kuba entgegen, sondern auch, weil sie sich über den Kanal der Contrarevolution eine Quelle vorteilhafter Begünstigungen und einen politischen Raum verschafft hat, der besonders unter der „Hostility"–Administration Reagans gegenüber Kuba in den 80er Jahren deutlich wurde.[79] Darin wurzeln vor allem die immer erneuerte Heftigkeit und Unnachgiebigkeit der US-Regierung bei der Suche nach Möglichkeiten einer Verbesserung der Beziehungen beider Länder.

---

[77] Vgl. Ebd., S.72.
[78] Hernandez, *Conflict Resolution between the United States and Cuba*, S.179.
[79] LeoGrande, *From Havana to Miami*, S.68.

4. 2. 2. 1 Verbindung und Einfluss in der politischen Umsetzung der post-sowjetischen Ära

Wenn eine ethnische Gruppe in den USA sich stark zu Wort meldet und sich innerhalb des US-amerikanischen politischen Systems artikuliert, kann davon ausgegangen werden, dass sie amerikanisiert und politischer Mitgestalter geworden ist, wie es der Fall der *Cubano-Americanos* zeigt.[80] Es wäre dennoch extrem zu behaupten, dass die US-amerikanische Politik gegenüber Kuba nur in Miami konzipiert wird, dennoch ist vor allem der breite Einfluss der kubanischen Organisation auf die Beziehungen beider Länder nicht zu ignorieren und die Neigung der US-Regierung, eine harte Linie zu behalten, muss somit auch der jahrelangen Arbeit der Organisation zugerechnet werden. Der Einfluss der C.A.N.F. auf die Politik lässt sich aus dem strategischen Agieren im passenden Moment erkennen. Auch wenn der Einfluss der C.A.N.F. heute nicht mehr so stark wie in den 80er Jahren ist, kontrolliert sie wichtige politische Instrumente, unter anderem Radio und Fernsehen „Marti", aber auch wirtschaftliche Mittel. Sie hat jedoch auch die Fähigkeit inne, als politische Klientel der US-amerikanischen Großparteien in Florida zu agieren, sowie die Verbindungen zum Kongress zu pflegen.[81] Entgegen dieser politischen Stärke ist eine ideologische Schwäche zu beobachten, und zwar die rigide ideologische Position, welche eine politische Flexibilität und Mobilität in Relation zu einer verändernden dynamischen Weltordnung verhindert. Hier ist eine Analogie zur Haltung und Starrheit innerhalb der kubanischen Führung auf der Insel festzustellen, welche erlaubt, auf beiden Seiten ein Merkmal der Unflexibilität zur Veränderung zu erkennen. Auch wenn sie traditionsgemäß die konservativ-republikanische Partei in den

---

[80] Dittgen, *Präsident und Kongress im außenpolitischen Entscheidungsprozess*, S.448.

[81] Vgl. Coletta Youngers, *U.S. Policy in Latin America and the Caribbean: Problems, Opportunities, and Recommendations*, in: Martha Honey / Tom Barry (Hg.), *U.S. Policy at the Turn of the Millennium*, New York 2000, S.160.

USA unterstützte, änderte sie doch allmählich ihre Strategie und versuchte auch die Demokraten zu erreichen – so hat die Organisation Spenden für den Wahlkampf von William Clinton im Jahr 1992 gesammelt.[82] Durch die repräsentative Stärke der C.A.N.F. und ihren gewonnenen Einfluss verwandelten sich die contrarevolutionären Organisationen in den USA von einem Instrument der Reagan-Administration zu einem wichtigen Teil der amerikanischen Politikgestaltung hinsichtlich der Beziehungen zu Kuba in der postsowjetischen Zeit, was deshalb aber gleichzeitig eine Verschärfung des Konfliktes darstellte. Diese innere Kombination politischer Faktoren, die sich in der Außenpolitik auswirkt sowie die ausgeprägte Intoleranz der C.A.N.F. gegenüber anderen Gruppen der kubanischen Gemeinde, die nicht mit den eigenen Interessen übereinstimmen, erklären die von der C.A.N.F. disproportioniert gewonnene Wichtigkeit in der US-amerikanischen Kubapolitik der letzten Jahre. Die hohe Intensität der Beteiligung *cubano-amerikanischer* Lobbies an außenpolitischen Entscheidungsprozessen engt gleichzeitig den Spielraum der Entscheidungsträger ein und kann sie dadurch zu Faktoren der Unberechenbarkeit der amerikanischen Außenpolitik machen.[83]

Den entscheidenden Erfolgsfaktor dieser Organisation kann man auch in der Abwesenheit einer echten politischen Opposition innerhalb der kubanischen Organisationen in den USA sehen. *„The American National Foundation (...) is the best organized group in Washington – with all the necessary financial resources – and the only one with real presence, it will continue to have influence. Other Cuban American groups appear not to have the same capabilities, nor has there emerged any economic interest group exerting pres-*

---

[82] Clinton bekam Spenden in Höhe von US$ 275000 im Süden Floridas. Siehe hierzu: Gillian Gunn, *Clinton and Castro: Pragmatism or Paralysis*, in: Archibald R.M. Ritter/ John M. Kirk, *Cuba in the international system: normalization and integration*, London 1995, S.200.

[83] Dittgen, *Präsident und Kongress im außenpolitischen Entscheidungsprozess*, S.448.

sure in favour of open relations."⁸⁴ Die Stärke der Organisation äußerte sich unter der Clinton-Administration in den durchgesetzten Sanktionen gegen Kuba, der Schwerpunkt dieser Regierung blieb jedoch innenpolitisch.⁸⁵ Die dargestellte Orientierung der Außenpolitik hat sich schon in US-politischen Kreisen durchgesetzt, wie erwähnt auch auf Grund einer mangelnden politischen Basis, die eine mildere und flexiblere Politik gegenüber Kuba unterstützt. In diesem Zusammenhang und im inneren US-politischen Kontext wäre ein Politikwechsel kontraproduktiv, da die internen politischen Kosten für die Partei, die sich dafür einsetzen würde, groß wären. Die Wirksamkeit dieser Organisation ist unter anderem auf die Übereinstimmung mit der offiziellen nordamerikanischen Politik und deren ausgeprägt konservativen Positionen in der politischen Kuba-Debatte der letzten Jahre im Land zurückzuführen. In Sektoren der US-amerikanisch-politischen Öffentlichkeit wird der *cubano-amerikanischen* Gemeinde eine wichtige Rolle bei den bilateralen Beziehungen beider Länder zugeschrieben und die Fähigkeit, politischen Einfluss zu nehmen, beigemessen.⁸⁶ Dieser Einfluss und die Fähigkeit der kubanischen Konservativen in den USA, im gesellschaftlichen Interaktionskontext einen Aktionsradius zu schaffen, um die eigenen Interessen politisch umzusetzen, könnten als das Haupthindernis für die Verständigung zwischen den USA und Kuba interpretiert werden.⁸⁷ Es ist eine bemerkenswerte Tatsache, dass die *Cubano-Americanos* unter anderen ein Beispiel für privilegierte Flüchtlinge in den USA darstellen. Diese Aspekte des Einflusses der *Cubano- Americanos* dürfen dennoch nicht überbewertet werden, denn wenn es einen deterministisch klaren und direkten Einfluss auf

---

[84] Hernandez, *Conflict Resolution between the United States and Cuba,* S.190.
[85] Vgl. Hierzu Edward Gonzalez, *Obstacles to Breaking the US-Cuban Deadlock,* in: Archibald R.M. Ritter/ John M. Kirk, *Cuba in the international system: normalization and integration,* London 1995, S.209.
[86] Vgl. hierzu Herández, *Cuba y los cubano-americanos,* S.11.
[87] Ebd., S.12.

die US-amerikanischen Beziehungen zu Kuba gäbe, wären die Verhandlungen und das Migrationsabkommen von 1984 und 1994 oder die Lösung des Falls mit dem kubanischen Kind Elian nicht zu Stande gekommen.[88] Trotz der erklärten Opposition der konservativen Sektoren der kubanischen Gemeinschaft haben Kuba und die USA in diesem Fall jedoch einen Verhandlungsprozess vorangetrieben. In diesem Kontext lässt sich argumentieren, dass die konservativen Sektoren den Handlungsspielraum nutzen, den die US-amerikanische Politik ihnen ermöglicht. Das heißt, dass die rechten Gruppen nur dann favorisiert werden, wenn die Haltung der US-Politik gegenüber Kuba, bedingt durch belastende Anlässe, besonders feindselig wird, wie es nach dem Flugzeugabsturz einer *cubano-amerikanischen* Maschine im Jahr 1996, die durch die kubanische Luftwaffe abgeschossen wurde, der Fall war. Die Auswirkungen dieses Vorfalls werden in Kapitel fünf behandelt. Gegenteiliges kann eintreten, wenn die Beziehungen durch einen Dialog oder positive Ereignisse psychologisch begünstigt werden. Als Beispiel ist der Papstbesuch von 1998 zu nennen, der zu einem Nachdenken, auch unter den konservativen *Cubano-Americanos*, führte.[89] Der Wechsel dieser Haltung ist auch in der Bereitschaft der USA zu erkennen, bei Angelegenheiten von nationalem Interesse einen Dialog zu führen, auch wenn die kubanische Rechte diesen ablehnt, wie es bei der

---

[88] Der Fall des kubanischen Kindes Elian entwickelte sich zum politischen Streit zwischen der Führung in La Habana und den Exilkubanern in Miami. Als das Kind mit seiner Mutter in einem Boot Richtung Miami floh, ertrank die Mutter. Das Kind konnte von der US-Küstenwache aus dem Wasser gerettet werden. Der Streit drehte sich um die Rückführung des Kindes zu seinem Vater auf Kuba. Siehe: *"Chronology of Cuban Migration, 1958-1998"*, in: www.state.gov/www/regions/wha/cuba/migration_chron.html, *Office of Cuban Affairs, Bureau of Western Hemisphere Affairs, Department of State, March 20, 2000*. Siehe auch dazu: Jens Glüsing/Stefan Simons, *Aufmarsch in Havanna*, in: Der Spiegel, 27(07/2000), S.158f.

[89] Michael Ranneberger, *"Remarks to the American association for the Advancement of Science and the Right to Travel: Collaboration Between U.S. and Cuban Scientists"*, in:, www.state.gov/www/policy_remarks/1998, *Washington D.C., 3. April 1998*, S.2.

Zusammenarbeit zur Drogenbekämpfung mit den kubanischen Behörden in der Region der Fall ist.[90]

4. 2. 3 Miami: wirtschaftliches und ideologisches Epizentrum der Cubano-Americanos

Miami entwickelte sich besonders durch den Beitrag der Exilkubaner in den ersten dreißig Jahren ihres Exils zur Hauptstadt der kubanischen Contrarevolution. Miami bildet das Epizentrum einer Gemeinde, die vor allem aus Exilkubanern besteht. Sie dient auch als kulturelles Muster für diejenigen, die außerhalb der Region leben. Miami befindet sich im Süden Floridas, wo etwa zwei Millionen Menschen wohnen. Mehr als die Hälfte davon sind Lateinamerikaner, wobei sich darunter mehr als eine halbe Million *Cubano-Americanos* befindet. Damit ist Miami die einzige große US-amerikanische Stadt, die in der Mehrzahl von aus Lateinamerika stammenden Menschen bewohnt wird. In dieser Region befindet sich der drittreichste spanischsprachige Markt des Landes und ihre Bevölkerung nimmt 37,1% der Produkte und Dienstleistungen der Region in Anspruch.[91] In den letzten drei Jahrzehnten wuchs Miami in einem Rhythmus, auf Grund dessen es heute unter die Städte mit der schnellsten Entwicklung in den USA positioniert werden kann. Die Voraussetzungen dieser Entwicklung bestimmen ohne Zweifel einen wirtschaftlichen, politischen und sozialen Kontext, dessen Berücksichtigung für die Analyse der Beziehungen zwischen Kuba und den USA eine wichtige Rolle spielt. Miami hat sich zu einem Verkehrsknotenpunkt der wirtschaftlichen Beziehungen mit Lateinamerika verwandelt. Es ist aber auch das Tor für den größten Teil der Drogen, die in den USA konsumiert werden.[92] Die Aktivitäten der CIA in der Region

---

[90] Vgl. Charles Lane, *"A Dangerous Partnership"*, in: www.speakout.com, *15 (07/1999)*, S.1-3.

[91] Mimi Whitefield: *Publicidad en español tienta a anunciantes*, in: El Nuevo Herald, Miami, *30 (10/1995)*, S. 3B.

[92] *"Reconocen colaboración cubana contra el narcotráfico"*, o.V., in: Granma International, 19 *(05/1999)*, S.1.

waren die politische Grundlage für einen Prozess, der die kubanische Contrarevolution in ein häusliches US-amerikanisch-politisches Problem verwandelt hatte. Somit reflektieren heute das Einwanderungsprogramm, die Investitionen in der Region und deren wirtschaftliche Kraft sowie die Integrationsbereitschaft der eingewanderten Kubaner die historische Basis für die politische Konfiguration und Dynamik der US-amerikanischen Beziehungen zu Kuba.[93] Diese Integrationsfähigkeit der *cubano-amerikanischen* Gemeinde im Süden Floridas verstärkte die Entstehung eines Zentrums der lateinamerikanisch-politischen Konservativen, da Miami nicht nur der traditionelle Mittelpunkt und Zufluchtsort für die vertriebenen Gruppierungen an der Macht, sondern auch der Ort für die politische Tätigkeit der lateinamerikanischen Oligarchie war und ist, wie es der Fall der ersten 100 000 emigrierten Kubaner 1959 zeigt.[94] Mit Hilfe der *cubano-amerikanischen* Gemeinde verschafft die Stadt den neuen Einwanderern aus anderen lateinamerikanischen Ländern Verbindungen und leistet professionelle Dienste, um einen größeren Einfluss in den USA und eine schnellere gesellschaftliche Integration zu erlangen. Der Einfluss der *Cubano-Americanos* ist somit gegenüber den anderen Bewegungen lateinamerikanischer Abstammung als stark einzuordnen, nicht nur wegen der Kenntnisse in den US-gesellschaftlichen Strukturen, sondern auch wegen ihrer finanziellen Stärke. So sind in den USA von den 70 wichtigsten Millionären, die mehr als 25 Millionen US-Dollar besitzen und lateinamerikanischen Ursprungs sind, 25 Kubaner und 18 davon leben in Florida.[95] Ursprünglich verbündeten sich mit der C.A.N.F. etwa 100 *cubano-amerikanische* Unternehmer aus Miami. Diese Gruppen wurden grundsätzlich aus Personen, die aus der ersten Einwanderergeneration stammten, gebildet. Sie hatten eine Vergangenheit, die mit den Elitegruppen der Batista-Zeit in Verbindung stand und

---

[93] Vgl. hierzu Hernández, Cuba y los Cubano-Americanos, S.4.
[94] Vgl. John Prados, *President´s Secret Wars*, S.174.
[95] *The 1995 Hispanic Business Rich List,* in: Hispanic Business, USA, (05/1995).

vertraten diejenigen, die am meisten von der US-amerikanischen Unterstützung profitieren konnten.[96] Es stellt sich die Frage, wie gerade die ersten Exilkubaner zu solchen Positionen und zu dieser wirtschaftlichen Macht gekommen sind. Dies manifestiert sich in der Art, wie sie sich organisierten, doch auch in der Fähigkeit der kubanischen Führer in Florida, die *Cubano-Americanos* verschiedener politischer Tendenzen zu mobilisieren, und in den Beziehungen, die sie mit den hohen politischen Kreisen der USA hergestellt und geknüpft hatten.[97] Durch ihr Interesse und ihre politische Umsetzung stellen die *Cubano-Americanos* eine widersprüchliche Gruppe dar, die offensichtlich eine Dissonanz in der Außenpolitik der USA reflektiert. Auch wenn viele von ihnen eine klar negative Haltung gegenüber der kubanischen Regierung haben und sie eine härtere Linie der US-amerikanischen Maßnahmen gegen die Insel befürworten, wollen sie gleichzeitig, dass die Kommunikation mit den eigenen Familien auf Kuba sowie die so genannten „*remesas*"[98] (Geldsendungen) oder auch die gewünschten kulturellen und akademischen Verbindungen in keiner Form behindert werden. Es ist also ein Veränderungsprozess in der *cubano-amerikanischen* Gemeinde zu beobachten. Dieser kristallisiert sich in der Haltung heraus, die nach dem Zusammenbruch der Sowjetunion ein Teil der Exilkubaner eingenommen hat, aber auch in der strengen Kategorisierung und Differenzierung der Einwanderer ab den 90er Jahren, die eher aus wirtschaftlichen als aus politischen Gründen emigrieren. Trotz dieser Differenzierung bleibt Miami noch nach 40 Jahren Einwanderung ein

---

[96] Arboleya, *La Contrarevolución Cubana*, S.238.
[97] Donna Rich Kaplowitz, *Anatomy of a Failed Embargo: U.S. Sanctions against Cuba*, London 1998, S.134.
[98] Die Geldsendungen sind ein wichtiger wirtschaftlicher Faktor in den Latino-Gemeinschaften in den USA geworden. Darunter zählen neben den Kubanern unter anderem die Mexikaner und Kolumbianer. Siehe dazu: B. Lindsay Lowell / Rodolfo O. de la Garza, *The Developmental Role of Remittances in U.S. Latino Communities and in Latin American Countries*, Inter-American Dialogue and The Tomás Rivera Policy Institute, Washington D.C. 2000.

Zentrum des politischen Agierens der *Cubano- Americanos* in den USA.

4. 2. 3. 1 Vom Erfolgsmodell zur konservativ-ideologischen Konzeption

Der politische Wille der USA, die *cubano-amerikanische* Gemeinschaft im Gegensatz zur kubanischen Revolution in ein Erfolgsmodell zu verwandeln, vereinfachte und beschleunigte im Vergleich zu anderen Immigranten mit Erfolg den Integrationsprozess der Kubaner. Die Übereinstimmung konservativer Sektoren in den USA mit dem Fall Kuba und die bevorzugte Behandlung der kubanischen Gemeinde von Seiten der amerikanischen Regierung haben die Rolle der *Cubano-Americanos* innerhalb der hispanischen Bewegung bestimmt.[99] Die konservative Haltung der kubanischen Einwanderer bekräftigte die Berufung auf eine contrarevolutionäre Position, die wiederum die politische Macht der *Cubano-Americanos* im Süden Floridas gestärkt hat. Die Organisation beansprucht somit, eine Ideologie zu vertreten, mit der sich die Mehrheit der in die USA eingewanderten Kubaner identifiziert. Die neokonservative Offensive hat in der C.A.N.F. einen Ausweg für die praktische Durchsetzung und Legitimierung der Politik gegenüber Kuba gefunden sowie einen Mechanismus, um die eigenen Interessen im Süden Floridas zu etablieren. Dennoch befürwortet die Mehrheit der Kubaner in den USA einen Dialog mit La Habana, dies ändert jedoch nichts an der Tatsache, dass die dominante politische Ideologie der kubanischen Emigranten eher konservativ ist. Diese ist hauptsächlich in Miami, Union City, West New York und Los Angeles zu finden. Das erklärt auch das Wahlverhalten dieser Gruppen im Vergleich zu anderen lateinamerikanischen Minderheiten in den USA, die eher den demokratischen und liberalen Kandidaten Vorrang geben.[100] Das Übergewicht an konservativen Tendenzen mitten in politischen und

---

[99] LeoGrande, *From Havana to Miami*, S.75.
[100] Hernández, *Cuba y los cubano-americanos*, S.12.

traditionell kubanischen Organisationen hat somit auch die althergebrachten, konservativ-politischen US-amerikanischen Sektoren angezogen. Dies kontrastiert mit der politischen Gesinnung der restlichen lateinamerikanischen Minoritäten, in denen fortschreitende und liberale Tendenzen bestehen. Eine gesellschaftlich integrierte lateinamerikanische Minderheit wie die kubanische, mit wirtschaftlichem Erfolg, die ideologisch durch Antikommunismus geprägt ist und sich in einer der Regionen der USA mit hohen wirtschaftlichen Wachstumszahlen befindet, ist ein attraktives Objekt für jede US-amerikanische politische Großpartei. In der Tat, die Mehrheit der Kubaner in den Vereinigten Staaten lässt sich eher durch Themen wie über das Embargo oder eine mögliche Entwicklung neuer Kanäle des Dialogs sowie Aktionen gegen Kuba mobilisieren, denn es wird nicht mehr von der Mehrheit wie im Jahr 1991 erwartet, dass die kubanische Regierung zusammenbricht. Mehr als 40% erwarten einen von ihnen favorisierten Dialog, der die Verbindungen zur eigenen Gesellschaft und den Familien stabilisieren soll. Der Widerspruch zwischen der Haltung dieser kubanischen Mehrheit und ihrer politischen Umsetzung lässt sich durch den traditionellen und bedeutenden Einfluss im politischen Leben der konservativen kubanischen Organisationen innerhalb der US-amerikanischen gesellschaftlichen Strukturen erkennen. Dennoch haben die Organisationen der Exilkubaner keine direkte soziale Basis auf Kuba und repräsentieren auch keine sozialen Sektoren mit populärer Basis in den USA. Die Mehrheit der *Cubano-Americanos* hat keine Organisation, die sie direkt vertritt, wie es bei anderen lateinamerikanischen Minoritäten in den Vereinigten Staaten der Fall ist.[101] Der politische Raum innerhalb der US-amerikanisch-kubanischen Gemeinde ist von einer Elite besetzt, die das ideologische Klima kontrolliert. Die konservative Organisation der „C.A.N.F." pflegt eine Linie, die sich insbesondere auf die ökonomische Macht und den politischen Anschluss an die Bevorzugung der US-Regierung sowie

---

[101] Ebd., S.13ff.

auf die Verwandtschaft in der politischen und ideologischen Konzeption der konservativen Parteien in den USA gründet. Die entwikkelte Fähigkeit der C.A.N.F., politische Erfolge zu erreichen, besteht darin, erkannt zu haben, wie wichtig es in der amerikanischen Gesellschaft ist, eigene Interessen mit inländischen Interessen zu verbinden.[102]

4. 2. 3. 2 Ideologie und Massenmedien: Das Radio und Fernsehen "Martí"

Der Einsatz von Massenmedien in den internationalen Beziehungen gewinnt in der modernen Zeit eine entscheidende Rolle. Nirgendwo ist nach dem Zusammenbruch der Sowjetunion die Konfrontation von Ideen so deutlich wie zwischen den Vereinigten Staaten und Kuba – zwei Ländern, die nur durch eine Entfernung von 140 km getrennt sind. Diese Nähe begünstigt ein Szenarium für einen „war of ideas",[103] um es mit den Worten von Howard H. Frederick zu beschreiben.

Der große Sprung in der Entwicklung der Radio-Sender der Kubaner in Miami begann durch die Einrichtung des Senders „La Voz de Cuba Independiente y Democrática (La Voz del CID) Anfang der 80er Jahre mit Büros in Miami, Washington und Chicago. Ziel war nicht nur unerlaubt das kubanische Territorium zu erreichen, sondern die ganze Karibik und die zentral-amerikanischen Staaten, „to counter communist subversive and disinformation campaigns." Unter der Reagan-Administration gewann dieses Instrumentarium an Gewicht und wurde als Implementierung der Politik in der Karibik unter dem Namen „Project Thuth" eingeführt, um der sowjetischen

---

[102] Dittgen, *Präsident und Kongress im außenpolitischen Entscheidungsprozess*, S.451.

[103] Siehe eine Analyse, die die ideologische Konfrontation zwischen den USA und Kuba im Zeichen des Kalten Krieges und die methodische Entwicklung und Anwendung von Massenmedien beschreibt. In: Frederick H Howard, *Cuban-American Radio Wars: Ideology in International Telecommunications*, New Jersey 1986, S.1.

Propaganda entgegenzuwirken.[104] So entstand das „Radio Free Cuba" bekannt als Radio „Martí". Dieses wurde nicht nur von der Reagan- und Bush-Administration unterstützt, sondern auch in den 90er Jahren nach der Wende in Europa durch das Fernsehen „Marti" von Clinton ausgedehnt, da das Thema Kuba seit Anfang der 90er Jahre im innenpolitischen Spektrum der USA wieder aktuell wurde. Es entwickelten sich Unterstützungsstrategien und Projekte für die contrarevolutionären Gruppierungen, die zu einer inneren Transformation Kubas zum Kapitalismus verhelfen sollten. Gerade in diesem Kontext gewinnen diese Medien in den USA neue Wichtigkeit und bieten sich als außenpolitisches Instrumentarium an, um den kubanischen Veränderungsprozess zu beschleunigen. Darauf sollen die Bemühungen in der Herstellung von sozialen Kontakten gerichtet und konzentriert werden. Die Suche nach Verbindungskanälen zur kubanischen Gesellschaft wird in die US-amerikanische Strategie miteinbezogen, unter anderem die Unterstützung von Menschenrechtsgruppen auf Kuba, oder die weitere Implementierung und Einrichtung der genannten Massenmedien, welche innerhalb und außerhalb der USA gegen die kubanische Regierung mobil machen. Washington führt seinen ideologischen Kampf gegen Kuba weiter, auch durch internationale Foren. Mit dem Versuch, Kuba im amerikanischen Kontinent zu isolieren, bleibt die Kubapolitik der USA im rhetorischen Netz des Kalten Krieges.[105] Die Anwendung dieser Medien als Instrumentarium, um die politische Ideologie der Anti-Castro-Gegner in Miami zu kanalisieren, bleibt ein wichtiges Element der ideologischen Konfrontation. Clinton kündigte eine Ausbreitung der Radio- und Fernsehsendungen „Marti" an – eine Bestimmung, die zwar Jorge Mas Canosas Handlungsspielraum vergrößerte, Kuba jedoch sehr wenig traf. *„I have ordered that Radio Marti expand its reach. All the people of Cuba must be able to learn the truth about the regime in Havana, the isolation has earned for*

---

[104] Ebd., S.24.
[105] Youngers, *U.S. Policy in Latin America and the Caribbean*, S.161.

itself through its contempt for basic human rights and international law."[106] Canosa führte bis zu seinem Tod die Sender und nutzte sie auch innerhalb Miamis, um die Exilkubaner zu erreichen und zu mobilisieren.

4. 2. 4 Die C.A.N.F. in der Wahrnehmung der kubanischen Regierung und der Geist der Restaurierung

Obwohl eine Verbesserung der Beziehungen zwischen den Kubanern auf der Insel und der kubanischen Gemeinde in den USA besonders durch die Aufhebung des Verbots, US-Dollars zu besitzen, Anfang der 90er Jahre positiv beeinflusst wurde, ist die Wahrnehmung der Bevölkerung auf Kuba von einer drohenden Restaurierung des alten Systems von Seiten der Exilkubaner geprägt.[107] Auch wenn eine Normalisierung der Beziehungen zwischen kubanischen Familien auf beiden Seiten stattgefunden hat, werden immer noch die Interessen der *cubano-amerikanischen* Gemeinde als fremd und die Exilkubaner als Verbündete mit den US-amerikanischen Zielen angesehen. Gerade hier entsteht eine Dichotomie der Interessen, denn auf der einen Seite halten die Kubaner aus ökonomischen Gründen eine Ausdehnung der Beziehungen zu den Emigranten für vorteilhaft, auf der anderen Seite lehnen sie aber die Idee ab, dass die kubanischen Emigranten auf Kuba direkte Investitionen machen dürften, denn sie würden dann durch ihre finanziellen Möglichkeiten eine privilegierte Position innerhalb der kubanischen Gesellschaft einnehmen, die ihnen erlauben würde, Besitz von knappen Gütern wie Wohnungen zu erlangen. Dadurch würde ihnen auch die Möglichkeit eröffnet werden, einen Anspruch auf die Wiedererlangung von früherem Besitz zu erheben.[108] Diese Vision einer Wiederkehr

---

[106] William J. Clinton, *Remarks Announcing Sanctions Against Cuba Following the Downing of American Civilian Aircraft"*, in: http//usinfo.state.gov/pdq/pdq.htm, *Public Papers of the Presidents, U.S. Government Printing Office* via GPO, Text 169, 26 February 1996, S.339.

[107] Hernández, *Cuba y los cubano-americanos*, S.6.

[108] Fidel Castro, Granma *8 (02/1995)*, S.5.

der Emigranten und die Wiedereinführung des alten Systems zeigt sich zum einen für die Sektoren mit niedrigerem Einkommen als besonders sensibles Thema. Zum anderen sind die Normalisierung des Dialogs und die von den USA genehmigten Besuche der *Cubano-Americanos* politische Maßnahmen, die eine breite Unterstützung in der Bevölkerung finden, obwohl eine wachsende Ungleichheit und eine ideologische Wirkung besonders bei der Jugend von Seiten der kubanischen Führung mit Sorge beobachtet wird. Was die politischen und ideologischen Tendenzen innerhalb der kubanischen Gesellschaft angeht, zeigt sich in der Mehrheit eine kritische Haltung gegenüber der Revolution, es ist jedoch auch ein Konsens in der Ablehnung von aggressiven Maßnahmen der USA gegen die Insel festzustellen.[109]

4. 3 Die potenzielle Alternative: Die moderaten *Cubano-Americanos*

4. 3. 1 Die verpasste Chance unter der Clinton-Administration

Auch wenn die kubanischen Konservativen in den USA die Politikgestaltung stark beeinflussen und dominieren, entwickelte sich seit dem Sieg der Demokraten 1992 eine neue politische Strömung innerhalb der kubanischen Gemeinschaft in Miami, deren Verfechter als die „Moderados" (Moderate) bezeichnet werden. Diese Gruppen können nicht durch das Interesse und die Vorstellungen, die sie für ein Kuba der Zukunft vorschlagen, definiert werden, sondern umgekehrt: durch das, was sie nicht für die Insel wollen. Das „soziale Chaos", welches die moderaten Gruppen befürchten, führt zu einer ablehnenden Haltung gegenüber der wirtschaftlichen Blockade und der Intensivierung des US-amerikanischen Drucks auf Kuba, denn nach ihnen ist die Haltung der „kubanischen Hardliner" weder für

---

[109] Hernández, *Cuba y los cubano-americanos*, S.7.

Kuba noch für Miami von Vorteil.[110] Die Zielsetzung der Moderaten erlaubt es, sich außerhalb der traditionellen kubanischen Opposition im Exil zu organisieren und somit eine neue Richtung in der politischen Debatte über die Position der USA zu Kuba zu bilden. Die Entstehung dieser gemäßigten Denkrichtung eröffnete auch die Möglichkeit, einen Dialog zwischen wichtigen Sektoren der kubanischen Regierung und dieser Modalität der politisch-kubanischen Opposition im Exil zu führen. Der Papstbesuch im Jahr 1998 in Havanna bewirkte auch einen Stimmungswandel der Exilkubaner, wie Thomas Wenski, Weihbischof von Miami, feststellt: „*Der Handschlag mit Fidel Castro untergrub die moralische Legitimität der unversöhnlichen Hardliner.*"[111] Dennoch haben die moderaten Gruppen keine symbolisch relevante und solide Unterstützung innerhalb der kubanischen Gesellschaft auf der Insel und auch nicht genügende politische Artikulationsmöglichkeiten unter den kubanischen Dissidenten in den USA, so dass man sie nicht als eine echte Alternative zu den Konservativen betrachten kann. Obwohl die Moderaten in den USA noch keinen bedeutenden Einfluss auf die politische Gestaltung der Beziehungen zu Kuba haben, besteht ihre Transzendenz in der Disposition, den konservativen Exilkubanern bei der politischen Kontrolle innerhalb der kubanischen Gemeinschaft Konkurrenz zu machen. Die Schwäche des Einflusses dieser Gruppierungen hängt aber auch, wie Experten es sehen, mit der „Angst um Karriere oder Geschäft"[112] liberaler Gruppen zusammen.

Die Gruppen, die nicht zu dieser politischen Linie passen, werden isoliert, und zwar sowohl auf der Insel, als auch innerhalb der kubanischen Gemeinschaft in den USA. Sie bemerken: „*Muchos Cubanos pueden opinar que, es difícil defender la soberanía sin ser castristas*" denn „*en Cuba nos acusan de ser aliados de EE.UU., y*

---

[110] Arboleya, *La contrarevolución Cubana*, S.285.
[111] Stefan Simon, „*Im Schutz der Delfine*", in: Der Spiegel, 15 (04/2000), S.222.
[112] Ebd., S.222.

en los EE.UU. muchos sostienen que trabajamos para Castro."[113] Eine harte Linie ist auch in der politischen Wahrnehmung der ultrarechten Exilkubaner zu erkennen, wobei von dieser Linie abweichende kubanische Gruppen von den Konservativen als „Agenten" Fidel Castros und nicht als „echte Dissidenten" interpretiert werden. *„Aquellos que apoyan la política de EE.UU son disidentes reales (....) los moderados son agentes de Fidel Castro.*"[114] Unter den heutigen Bedingungen kann man nicht von signifikanten politischen Fähigkeiten und einem Einfluss anderer kubanischer Gruppen in den USA, als von denen der Ultrarechten in Miami, sprechen. Die moderaten Gruppen sind dadurch ein dialektischer, nicht aber ein politisch bestimmender Faktor in der Formulierung der Außenpolitik der USA gegenüber Kuba geblieben.

4. 3. 2 Annäherung an die kubanische Regierung

Im ideologischen Diskurs wird der Stereotyp der Emigration nicht auf Grund wirtschaftlicher oder familiärer Motive, sondern vor allem auf Grund rein ideologischer Faktoren definiert. Es ist evident, dass sowohl in den USA als auch auf Kuba die Debatte über den besten Weg zu einer politischen Lösung bekräftigt wird, dennoch tendiert man durch die verschiedenen Ereignisse und die politische Rhetorik dazu, eine Entideologisierung der Diskussion innerhalb der Beziehungen mit der *cubano-amerikanischen* Gemeinde in Gang zu setzen, deren Beginn die Verwirklichung der ersten Konferenz von

---

[113] Übers. „Viele Kubaner meinen, es sei schwierig, die Souveränität zu verteidigen ohne Castrist zu sein (...) Auf Kuba werden wir beschuldigt, Alliierte der USA zu sein und in den USA behaupten viele, dass wir für Castro arbeiten." Aussage eines in Florida und Kuba bekannten Journalisten Lázaro Fariñas, zitiert nach Maurizio Giuliano, in: *La Transición cubana y el bloqueo Norteamericano*, Santiago de Chile 1997, S.74f.

[114] Übers.: „*die, welche die US-Politik unterstützen, sind echte Dissidenten (...) die Moderaten sind Agenten von Fidel Castro*", Aussage von Osvaldo Payá, ein in den politischen Kreisen der USA bekannter kubanischer Dissident, der zu den „Moderaten" gehört. Er beklagt, dass die C.A.N.F. die Moderaten negativ beeinflusst. Zitiert nach Giuliano, Ebd., S.73.

Emigranten und der kubanischen Führung unter dem Namen „*La nación y la emigración*"[115] im Jahr 1994 erlaubte. Diese erstmalige Begegnung und der Dialog mit Vertretern im Exil gehörten unter anderem zu den wichtigsten politischen Transformationen, die sich bis heute auf Kuba ergeben haben. Andere waren der Rektifikationsprozess und die Wahlreform. Politisch und strategisch gut überlegt entschied sich die kubanische Führung für den Schritt, diese Annäherung an die Exilkubaner mit moderater Haltung zu unterstützen. Das von der kubanischen Regierung organisierte Treffen im April 1994, welches als unmittelbares Ziel kein politisches, sondern das der Migrationsproblematik hatte, verfolgte vor allem, den moderaten kubanischen Bewegungen in den USA entgegenzukommen. Diese Gruppen repräsentieren eine potenzielle Gegenkraft zu den ultrarechten Exilkubanern, die eine Verhärtung der US-amerikanischen Politik gegen Castro befürworten. Diese neuen Organisationen und politischen Strömungen im Exil distanzieren sich zu den contrarevolutionären Bewegungen und stimmen mit einer Ablehnung der aggressiven US-Politik gegenüber Kuba mit der Führung in La Habana überein. Sie plädieren für eine Normalisierung der politischen Beziehungen zwischen beiden Ländern sowie für den Respekt vor der Souveränität eines Staates. Auch wenn von ihnen eine scharfe Kritik gegen das US-Embargo kommt, plädieren sie für die Pluralität von Ideen und für die Öffnung im politischen Bereich auf Kuba mit der Zulassung neuer Parteien.[116] Die geführten Gespräche mit der kubanischen Regierung im April 1994 konzentrierten sich auf den Versuch einer Normalisierung der Kontakte zwischen Exilkubanern und deren Familien auf der Insel, sowie auf den der Förderung des kulturellen, sozialen und familiären Austausches. Auf diese

---

[115] Übers.: "Die Nation und die Immigration". *Conferencia la nacion y la emigracion*, 22-24. April, editora Política, La Habana 1994.

[116] Eloy Gutierrez, Menoyo, *Erklärung vom 19. August: Ein Vertrauensvotum aus Miami für die wirtschaftlichen Veränderungen in Kuba*, in: Bert Hoffmann (Hrsg.), *Wirtschaftsreformen in Kuba: Konturen einer Debatte*, 2. Aufl., Frankfurt am Main 1996, S.61f.

Weise wurden die Organisationen „Cambio Cubano"[117] und „Comité Cubano para la Democracia"[118] von der kubanischen Regierung anerkannt. Einer der grundlegenden Erfolge in der kubanischen Annäherungspolitik auf der Suche nach einer Normalisierung der Beziehungen mit den moderaten Exilkubanern war die Entscheidung Kubas, Einreisegenehmigungen für Exilkubaner, die die Insel besuchen wollen, zu erteilen. Allerdings wurde die Restriktion festgelegt, dass nur jene einreisen dürfen, die nicht an feindlichen Aktivitäten gegen die Insel teilnahmen bzw. teilnehmen und auch nicht im Ursprungsland vorbestraft sind. Das war eine grundlegende Veränderung, deren wirtschaftliche Interrelation sich nicht nur in den sogenannten „Remesas" äußerte, sondern auch in der Möglichkeit für die Exilkubaner, auf Kuba zu investieren. Dies war von Castro bis 1996 abgelehnt worden. [119]

Auch wenn andere moderate Organisationen die politische Bühne zu betreten versuchen, um ihren Aktionsradius auszudehnen, schaffen sie es nicht, signifikante Sektoren der *cubano-amerikanischen* Gemeinde zu erreichen. Sie finden besonders in christlich-demokratischen Organisationen Unterstützung, sowie in liberal- oder sozial-

---

[117] Übers.: "kubanischer Wechsel". Diese Organisation wird von Eloy Gutierrez Menoyo geführt. Er kämpfte zusammen mit Castro. Nach dem Sieg 1959 rebellierte er gegen die Führung und wurde zu 22 Jahren Gefängnis verurteilt. Die Organisation strebt nach einem Dialog mit Fidel Castro und will die Entwicklung eines demokratischen Sozialismus auf Kuba. Eine ausführliche Abhandlung, basiert auf Interviews mit Dissidenten in Miami sowie kubanischen Politikern und Intellektuellen auf Kuba, ist die Arbeit von Imma Tubella / Eduard Vinyamata, in: Cuba es de todos 1898-1998: *Contribución a la resolución del conflicto entre los cubanos de Cuba y Miami,* Barcelona 1998, S.17f.

[118] Übers.: *"kubanisches Komitee für die Demokratie".* Diese Organisation hat ihre Einflüsse besonders in Lateinamerika und in Europa. Sie wird von José Ignacio Rasco geführt. Ziel ist es, einen ständigen Dialog mit der kubanischen Regierung und den Exilkubanern zu führen, um einen friedlichen demokratischen Übergang auf der Insel zu begleiten. In: Ebd., S.17.

[119] Fidel Castro, *„Einige dieser Maßnahmen sind uns zuwider",* Dokumentation der Rede zur Legalisierung des US-Dollars, in: Bert Hoffmann (Hg.), *Wirtschaftsreformen in Kuba: Konturen einer Debatte,* 2. Aufl., Frankfurt am Main 1996, S.45ff.

demokratischen Regierungen. Sie besitzen aber nicht genügend politische oder wirtschaftliche Stärke und auch nicht die Präferenz der US-amerikanischen Administration, um den konservativ festgesetzten Organisationen die politische Einflussnahme streitig zu machen. Es ist einleuchtend, dass die Annäherung zwischen den *Cubano-Americanos* und der Regierung in La Habana durch die belasteten Beziehungen beider Länder gehemmt wird. Hier ist eine Ambivalenz festzustellen, denn wegen der Haltung der ultrarechten *Cubano-Americanos* wird die Beziehung beider Länder belastet, und das wirkt sich gleichzeitig auf die Bemühungen einiger moderater Gruppen aus, die Probleme und Hindernisse bei der Verbesserung der Beziehungen zu überwinden.

4. 3. 3 Die Unternehmer

Eine weitere wichtige kubanische Gruppe in den USA, deren Abwesenheit in der politischen Debatte auch einen Einfluss auf die kubanische Exilgemeinde gewinnen und sich dadurch als Konkurrent der kubanischen Konservativen entwickeln könnte, sind eine Reihe privater Unternehmer, die sich in die Dynamik der US-amerikanischen Wirtschaft integriert haben. Sie führen auch Gespräche mit der Castro-Regierung und sondieren die möglichen Investitionswege nach der Aufhebung des Embargos.[120] Zweifellos ist diese Gruppe ein mächtiger Wirtschaftsfaktor in der Ökonomie Floridas und ihre Geschäfte sowie Gewinne werden nicht von den schwierigen Beziehungen der USA zu Kuba beeinflusst. Diese Unternehmer, die auch durch die C.A.N.F. vertreten werden, erreichen durch ihr wirtschaftliches Gewicht einen Einfluss in den Machtzentren der US-Politik, sie sind jedoch nicht in der Debatte über die US-amerikanische Kubapolitik zu finden. Auch wenn viele Unternehmer in Miami wissen, dass ein Ende des Embargos gegen Kuba die Geschäftsmöglichkeiten vergrößern würde und ein Wirtschaftswachstum in der Region Floridas zur Folge hätte, bleiben sie dennoch bezüglich der

---

[120] Vg. Erisman, *U.S.-Cuban Relations*, S.65.

Kuba-Problematik noch passiv.[121] Die Erklärung dieser Haltung wäre somit in der Tatsache zu suchen, dass die Interessen der Unternehmer innerhalb der USA nicht von der Entwicklung der US-Kubapolitik und dem Leben der kubanischen Gemeinde in Florida sowie von den Beziehungen zu der Insel abhängig sind und ihre geschäftlichen Aktivitäten auch nicht durch die belastenden Beziehungen beider Länder beeinflusst werden. Doch die starke Integrationsentwicklung dieser Gruppen in den ökonomischen Strukturen der amerikanischen Gesellschaft und das wachsende Interesse nordamerikanischer Unternehmer, einen Zugang zum kubanischen Markt zu finden, machen aus diesem Sektor einen potenziellen politischen Konkurrenz- und Einflussfaktor, der aktiv an einer Führungsrolle innerhalb der kubanischen Gemeinschaft partizipieren kann.[122] Diese Entwicklung würde vor allem in Florida eine besondere Bedeutung gewinnen, wo sich die Mehrzahl der Firmen befindet, die eine Sondergenehmigung von der US-Regierung besitzen, um mit Kuba in den Bereichen *Travel Service Provider, Carrier Service Provider* und *Remittance Forwarder* Geschäfte zu betreiben.[123]

---

[121] Charles Cotayo, *"Fin del embargo a Cuba traería bonanza a Miami"*, in: El Nuevo Herald, 11 (01/1999), S.2ff.

[122] Youngers, *U.S. Policy in Latin America and the Caribbean*, S.161.

[123] *"Realities of Market Cuba*, in: www.cubatrade.org., U.S.- Cuba Trade and Economic Council, New York 2000.

5. Die Doktrin der Sanktionen in den bilateralen Beziehungen zwischen den USA und Kuba der 90er Jahre

5.1 Das außenpolitische Instrumentarium

Ein Instrumentarium, das immer häufiger von den USA angewandt wird, sind die wirtschaftlichen Sanktionen. Sie werden als *„der Abbruch der Handelsbeziehungen hin zu einem Embargo"* oder auch als *„Blockade oder die militärische Besetzung des Gebiets oder eines Gebietsteils des betreffenden Staates"* definiert.[124] Bei der historischen Betrachtung der Beziehungen zwischen den USA und Kuba – seit der Verhängung der Sanktionen Anfang der 60er Jahre – hat die Insel nach dieser Definition beide Situationen erlebt und sie lässt sich auch heute noch anwenden. Die Auferlegung von Sanktionen repräsentiert Entschiedenheit und Stärke und reduziert so die politischen Kosten der Nichttätigkeit und des passiven Beobachtens. Die Kontinuität der USA in der Anwendung der Sanktionen, obwohl die verfolgten Ziele nicht erreicht wurden, lässt diese Haltung als Doktrin verstehen. Mit Doktrin sind hier die genau programmatischen politischen Formulierungen einer Regierung, die vor allem außenpolitische Grundsatzerklärungen beinhalten, gemeint.[125] Die Doktrinen haben in den USA eine lange Tradition und jedem Präsidenten wird meistens eine zugeschrieben. Sie werden nur in der Außenpolitik geprägt, denn dass in den USA eine innenpolitische Doktrin als solche anerkannt würde, ist eher undenkbar. Das Charakteristische einer Doktrin ist die Fixierung auf ein Ziel, ohne zu differenzieren, unter welchen Bedingungen sie angewandt wird. Deren Definierung und Rechtfertigung wird mehr Platz eingeräumt als der Verhältnismäßigkeit der Mittel zum Erreichen dieser Ziele.[126]

---

[124] Beck, *Sachwörterbuch der Politik*, S.749f.
[125] Ebd., S.202f.
[126] Thomas Meier, *Die Reagan-Doktrin: Die Feindbilder, die Freundbilder*, Bern 1998, S. 19 u. 25.

Herbert Croly beschreibt die Anwendung der US-Doktrinen mit folgenden Worten: „*The American habit is to proclaim doctrines and policies, without considering either the implications, the machinery necessary to carry them out, or the weight of the resulting responsibilities.*"[127]

Aus heutiger Sicht ergibt sich im internationalen Kontext eine andere Ausgangssituation als das „Sicherheitsdilemma"[128] in den 60er Jahren, um die verhängten Sanktionen gegen Kuba zu rechtfertigen. Die Tatsache, dass die US-Administration auf Grund innerer politischer Wahlkalkulationen die zentralen Prinzipien ihrer Außenpolitik aufgibt, internationale Regeln verletzt und die Interessen ihrer europäischen Verbündeten durch die Anwendung der Sanktionen ignoriert, erlaubt es, die Frage zu stellen, ob eine neue Phase des US-Unilateralismus bzw. Isolationismus im Gange ist – und wenn ja, wie sich dies im internationalen System auswirken könnte. Die USA erreichen damit auf dem amerikanischen Kontinent eine klare konkurrenzlose Hegemonie, bleiben aber in ihrem Handeln Isolationisten. Sie sind jedoch auch die einzigen wirtschaftlichen und politischen Akteure, die den Charakter des Globalisierungsprozesses inne haben.[129] Einige Republikaner im US-amerikanischen Kongress relativieren jedoch in diesem Zusammenhang den Begriff Unilateralismus und insistieren, dass Unilateralismus nicht Isolatio-

---

[127] Herbert Croly 1909, zitiert nach: *The Clinton Administration and the Americas: Moving to the Rhythm of the Postwar World*, in: Robert J. Lieber (Hg.), *American Foreign Policy at the End of the Century*, New York 1997, S.267.

[128] Als „Sicherheitsdilemma" wird hier verstanden als: „die durch die Offenheit des internationalen Systems bewirkte prinzipielle Unsicherheit über das Verhalten der anderen Akteure im System. Es bewirkt ein grundsätzlich nicht zu beseitigendes Misstrauen gegenüber der internationalen Umwelt, das auf dem Sachgebiet der Sicherheit notgedrungen Verteidigungsvorbereitungen auslöst." Nach Czempiel, *Internationale Beziehungen: Begriff, Gegenstand und Forschungsabsicht*, S.11f.

[129] Vgl. Bruce E. Moon, *The United States and Globalization*, in: Richard Stubbs/ Geoffrey R.D. Underhill (Hg.), *Political Economy and the Changing Global Order*, Canada 2000, S.342.

nismus bedeuten muss.[130] Die hier als Embargo-Doktrin definierte Konzeption der US-Außenpolitik in den letzten 40 Jahren wird seit Jahren verfolgt, um Veränderungen auf der Insel herbeizuführen. Auch wenn diese Doktrin auf Grund ihres Scheiterns nicht die erwarteten Früchte gebracht hat, wird sie dennoch nach der Wende in Osteuropa weiter angewandt.

Diese Politik hat eine Ausdehnung erlebt, die in der Blockade ihren Höhepunkt fand. Seit 1962, als das Embargo offiziell gegen Kuba verhängt wurde, haben sich die Maßnahmen, die mit der Blockade in Zusammenhang stehen, weiter verschärft. Nach 40 Jahren sind die Ziele der US-Regierung trotz der substanziellen Veränderungen nach der Wende konstant geblieben und behalten, im Großen und Ganzen „unaltered", die „fundamental ingredients" ihrer ursprünglichen Politik".[131] Die politischen Argumente Washingtons für dessen Haltung zur Insel konnten schon Anfang der 90er Jahre nicht mehr mit der Rhetorik der „nationalen Sicherheit" und der des Exports der kubanischen Revolution in andere Länder Lateinamerikas begründet werden. Wenn man die politischen Aktionen und Versuche Clintons zur Weiterführung der Kubapolitik im historischen Kontext betrachtet, erweisen sie sich als „anachronistisch"[132] und ohne Grundlage einer Rechtfertigung für den Sturz der kubanischen Regierung. Auf Grund von Clintons Haltung gegenüber der Kubapolitik, welche eine Kontinuität zu der seiner Vorgänger darstellte, ist nun auch seine Administration im Rahmen der Reagan-Bush-Ära zu beleuchten. Die Clinton-Regierung erhoffte sich in ihrer Amtszeit mit einer Ver-

---

[130] William Schneider, *The New Isolationism*, in: Robert J. Lieber (Hg.), *Eagle Adrift: American Foreign Policy at the End of the Century,* New York 1997, S.26.

[131] Hernández, *Conflict Resolution between the United States and Cuba,* S.188.

[132] Vgl. Sol M. Linowitz, *"The Americas in 1997 : Making Cooperation Work",* in: www.thedialogue.org, Inter-American Dialogue, Washington D.C. 1997, S.9. Siehe auch: Arsenio Rodriguez, *"Nuevo Gobierno en EE.UU.: La continuidad de una política anacrónica",* in: *Granma International, 23 (01/2001),* S.1.

schärfung der Sanktionen eine schnelle Wende auf der Insel zu erreichen. Diese Politik verfolgte eine Isolierung, die einen strengen wirtschaftlichen Mangel in der kubanischen Bevölkerung bewirken sollte, um somit einen Aufstand der Masse in Bewegung zu setzen, welche die Regierung Castros stürzen sollte.[133] Diese Strategie, welche auch von dem heutigen Präsidenten G.W. Bush weitergeführt wird, schließen die Möglichkeit einer Milderung des wirtschaftlichen Embargos sowie die Steigerung der von Kuba angestrebten Handelsbeziehungen mit anderen Ländern aus. Nachdem der US-Dollar im Jahr 1993 auf Kuba eingeführt worden war und Castro den Willen zur Wiederaufnahme diplomatischer Beziehungen zeigte, sah Clinton die Wirkung und Funktionsfähigkeit des Embargos bestätigt und kündigte an, „*den hohen Druck auf Kuba zu halten.*"[134] Die strenge Haltung Clintons folgte somit der gleichen Logik, wie sie bei der Reagan-Bush-Administration der Fall gewesen war.

5. 2 Das „Torricelli-Gesetz" : The Cuban Democracy Act

Der Zusammenbruch der Sowjetunion wurde von der kubanischen contrarevolutionären Gemeinschaft in den USA als Bestätigung eines prognostizierten Endes und als mögliche zukünftige Veränderung in der Entwicklung der kubanischen Revolution wahrgenommen. Die großen Erwartungen auf politische Veränderungen innerhalb der kubanischen Regierung und die Hoffnung auf ein rasches Zusammenbrechen der kubanischen Strukturen führte zu einer Steigerung der Aktivitäten der contrarevolutionären Gruppen und zu einer weiteren US-amerikanischen Unterstützung von Projekten für die wirtschaftliche Restrukturierung eines post-castristischen Kubas. Ziel dieser Projekte war grundsätzlich, einen größeren Grad an Kontrolle der Mechanismen zu gewinnen, den die US-amerikanische

---

[133] Andrew Zimbalist, *Cuba, Castro, Clinton and Canosa*, in: Archibald R.M., Ritter / John M., Kirk (Hg.), *Cuba in the International System: normalization and integration*, London 1995, S.34.

[134] Zitiert in: *Cuba*INFO, *o.V.*, 4. September 1993, S.12.

Regierung dann in der Zeit nach Castro erhalten würde.[135] Der Misserfolg dieser Versuche und die knappen internationalen Ergebnisse der Organisation gegen Kuba zwang sie, ihre Aktivitäten auf die Beeinflussung der inneren Politik in den USA zu konzentrieren, mit dem Ziel, eine Wendung in der konservativen Kubapolitik zu verhindern. Der weitreichendste Schritt war in diesem Sinne die Förderung des „Cuban Democratic Act" (CDA), bekannt nach dem demokratischen US-Repräsentanten Robert Torricelli aus New Jersey als „Torricelli-Gesetz", für das mit großer Mehrheit des US-Kongresses und der US-Präsidentschaftskandidaten beider Parteien Ende 1992 gestimmt wurde.[136] Die Bush-Administration vor Clinton hatte anfangs dem CDA die Behauptung entgegengesetzt, dass dieses internationale Problem den Vereinigten Staaten zu schaffen machen und wenig Einfluss auf die kubanische Wirtschaft haben würde. Clinton, in seiner Bemühung Wählerstimmen in Florida zu gewinnen, unterstützte die Gesetzgebung, woraufhin wenig später auch der scheidende Präsident Bush aus taktischen Gründen seine Position änderte und das Gesetz dann im November 1992 mit Zustimmung des Kongresses verabschiedete. Nachdem das Gesetz im Dezember unterzeichnet worden war, sagte der Kongressabgeordnete Robert Torricelli, Hauptbefürworter des Gesetzes, einen Sturz der Castro-Regierung innerhalb von wenigen Wochen voraus.[137]

Das „Torricelli-Gesetz" will Veränderungen in der Weltpolitik der 90er Jahre berücksichtigen und hat, abgesehen von der in sich beinhaltenden Sanktionen (Track I) eine zweite Option offen gelassen, um Annäherungsmöglichkeiten an Kuba zu entwickeln, welche aber nicht im Gesetz explizit erklärt werden (Track II). Torricelli war überzeugt, dass die Bush-Administration eine Ausrichtung hatte, die man

---

[135] Prados, *President´s Secret Wars*, S.178.
[136] Vgl. Olga Mirando Bravo, *Cuba-USA: nacionalizaciones y bloqueo*, La Habana 1996, S.78f.
[137] Vgl. *The Clinton Administration and the Americas: Moving to the Rhythm of the Postwar World*, in: Robert J. Lieber (Hg.), *American Foreign Policy at the end of the Century*, New York 1997, S.257f.

als „too passive" bezeichnen kann, dass aber eine aktive Kombination von Sanktionen die Destabilisierung der Castro-Regierung eingeleitet hätte.[138]

5. 2. 1 Track I: Die Aufrechterhaltung der Sanktionen

Bei der Analyse der Effektivität und des Sinns der Sanktionen gegen Kuba unter Clinton soll der politische und historische Kontext der Zeit nach dem Sieg Castros berücksichtigt werden, um die Clinton-Administration besser begreifen zu können. Clinton versuchte einer Haltung zu folgen, die seit den verhängten Sanktionen von Kennedy in der Tradition der anti-castristischen Reagan- und Bush-Administration stand. Allerdings ist eine Differenzierung in der Konzeption der US-Politik der 90er Jahre zu berücksichtigen, da seit diesem Zeitpunkt das „Sicherheitsdilemma" durch den Kalten Krieg nicht mehr aktuell war. Dennoch charakterisierte sich die Politik Clintons gegenüber Kuba besonders durch die Bemühungen, eine strengere Methode anzuwenden, als es in der Ära von Reagan und Bush der Fall gewesen war. Einige dieser Aspekte waren die Restriktionen im Handel und Tourismus. Es bestand die Befürchtung, dass sich die kubanische Wirtschaft erholen könnte und gerade dies galt es zu verhindern.[139] Clinton hat diese Aktionen nicht nur gesucht, sondern auch intensiviert und ausgedehnt. Anti-Kuba-Organisationen wurden in Miami aktiv und versuchten die Entwicklung des Tourismussektors zu boykottieren.[140] Die US-Kubapolitik hat sich so über vier Dekaden konstant gehalten. Das wirtschaftliche Embargo ist somit die zentrale Strategie der USA geblieben und wird zusammen mit dem

---

[138] Domínguez, *U.S.-Cuban Relations*, S.61.
[139] Vgl. Mirando, *Cuba- USA: Nacionalizaciones y Bloqueo*, S.87f.
[140] Solche Aktionen wurden intensiviert, nachdem die Entwicklung der Wirtschaft eine Erholung zeigte. Die Castro-Gegner in Miami schickten Drohbriefe an Reisebüros oder lieferten Nachrichten und Filme an Journalisten, um vor Risiken eines Urlaubs auf Kuba zu warnen. Es kam zur Detonation einer Bombe in dem berühmten Hotel National. Siehe hierzu die Beschreibung von Leo Burghardt und Klaus Huhn, *Das Wunder Kuba*, Berlin 1999, S.25ff.

Zerfall der Sowjetunion als Erfolgsrezept interpretiert, das die kubanische Regierung zum Einleiten von Reformen zwingt, wie es Clinton verlauten ließ: „*The pressure of our embargo and the withdrawal of Soviet support have forced Cuba to adopt some economic measures of reform in the last 2 years. We haven't seen that before.*"[141] Schon im Jahr 1992 hatte Clinton im Wahlkampf nicht nur eine Unterstützung dieser Politik angekündigt, sondern auch die Bereitschaft gezeigt, den Druck auf die kubanische Regierung zu verstärken. Diese Haltung manifestierte sich deutlich in seiner offenen Unterstützung des „Demokratie-Gesetzes" (CDA), durch das, so Clinton, unilaterale Maßnahmen, auch mit Zustimmung der Republikaner, vorgenommen werden: „*I ordered also a number of unilateral actions (...) it (the bill) will send a powerful, unified message from the United States to Havana (...) This bill continues our bipartisan effort to pursue an activist Cuba policy, an effort that began with the Cuban Democracy Act.*"[142] Dadurch wird vorgesehen, dass alle ausländischen Schiffe und Firmen, die durch US-Subventionen gefördert werden und mit Kuba Handel betreiben, sanktioniert werden. Obwohl diese Gesetze schon 1975 von der Ford-Administration auf Eis gelegt worden waren, wurden sie von Clinton wieder belebt. Er unterstützte dieses Gesetz, um Spenden für seine Präsidentschaftskandidatur unter den *Cubano- Americanos* in Miami im April 1992 zu sichern. Außerdem kritisierte er damals die Bush-Administration, dass sie nicht hart genug gegen Castro vorgegangen wäre: „*I think this administration has missed a big opportunity to put the hammer*

---

[141] William J. Clinton, *Remarks to the Cuban-American Community"*, in: http://usinfo.state.gov/pdq/pdq.htm, Public Papers of the Presidents, U.S. Government Printing Office via GPO Access, Text 492, Juni 27 1995, S.953.

[142] Clinton bei der Unterzeichnung des "Helms-Burton-Gesetzes", nach: "*Cuban Liberty and Democratic Solidarity (Libertad) Act* of 1996", in: http://usinfo.state.gov/regional/ar/us-cuba/libertad.htm, U.S. Department of State, International Information Programs, 104 Congress of the United States of America, 12. März 1996, S.2f.

down on Fidel Castro and Cuba."[143] Als Clinton sein Amt antrat, verstärkte er nicht nur das CDA-Gesetz, sondern bemühte sich auch, die Sanktionen gegen die Insel in den ersten achtzehn Monaten zu intensivieren, unter anderem durch den Druck auf Verbündete, keinen Handel mit Kuba zu betreiben, oder auch durch die Ergreifung verschiedener Initiativen, um den Zugang Kubas zu harten Devisen zu verhindern. Auch die Unterbindung von Inselbesuchen US-amerikanischer Bürger wurde verschärft. Während dieser Periode wurde die kubanische Wirtschaft schwer von diesem Gesetz getroffen, denn es verhinderte tatsächlich den Handel mit ausländischen Firmen. Das wirtschaftliche Projekt Clintons gegen Kuba hatte zwei Seiten: Zum einen sollten durch die zahlreichen Bemühungen die vorhandenen Sanktionen intensiviert und verlängert werden. Zum anderen wurde eine Implementierung neuer politischer Strategien vorgenommen, die noch tiefer greifen sollten und eine mögliche Wiederbelebung der kubanischen Wirtschaft verhindern sollten.[144] Damit bestätigte Clinton die Kontinuität der Reagan-Bush-Politik, die als Ziel die Destabilisierung der Castro-Regierung hatte. Wie Reagan und Bush hinderte auch er Kuba an der Reintegration in die interamerikanische Gemeinschaft und an der Mitgliedschaft bei der Organisation Amerikanischer Staaten (OAS). Somit hatte Clinton die extremsten Maßnahmen ergriffen, um politische Veränderungen auf Kuba zu erzwingen, wobei sogar eine Blockade für Handelsschiffe nach Kuba verhängt wurde. Solch eine Bestimmung kannte Kuba nur zu Zeiten der Kennedy-Administration.[145] Eine wichtige Forderung und Bedingung der USA für die Lockerung der Sanktionen ist die wirtschaftliche Öffnung des Landes für ausländisches Kapital. Diese Öffnung hatte bereits im Jahr 1988 angefan-

---

[143] Gunn, *Clinton and Castro: Pragmatism or Paralysis*, S.200.
[144] Vgl. Das internationale Zusammentreffen von Amerikanisten in Stockholm, um die Situation auf Kuba Anfang der 90er zu analysieren. In: Mona Rosendahl, *Congreso Internacional de Americanistas, La situación actual en Cuba: desafíos y alternativas*, Stockholm 1994, S.110ff.
[145] Joaquín Roy, „*El impacto interanacional de la ley Helms-Burton*", in: *Estudios internacionales*, Año 30, N°118, Santiago de Chile 1997, S.173ff.

gen. Als 1992 dem „*Torricelli-Gesetz*" zugestimmt wurde, gab es auf der Insel 50 Verbindungen zu Partnergesellschaften, die Kapital auf Kuba investierten. Auch wenn diese Investitionen damals relativ gering waren, haben sie sich bis 1996 jedoch verfünffacht und es gibt heute mehr als 500 Firmen, die mit ausländischem Geld arbeiten.[146] Auch andere Länder versuchten wirtschaftlich auf Kuba Fuß zu fassen, damit der Transformationsprozess durch andere Methoden als die der USA beeinflusst würde und um somit eine aktivere Rolle in diesem Prozess übernehmen zu können. Doch falls ein Land eine vorherrschende Rolle in dem Transformationsprozess der kubanischen Gesellschaft spielt und gespielt hat, dann sind das die Vereinigten Staaten von Amerika. Die ersten politischen Schritte der Clinton-Administration gegenüber Kuba wurden als schüchtern, aber symbolisch, interpretiert, obwohl die grundsätzlichen Aspekte der US-amerikanischen Kubapolitik, wie das US-Embargo und die Politik des „Drängens", beibehalten wurden.[147] In seinem ersten Mandat unternahm Clinton keine Schritte, um die Kubapolitik zu flexibilisieren, die nicht innerhalb des CDA von 1992 ihre Begründung fanden.

5. 2. 2 Track II: Veränderung von innen

Die Anwendung der Sanktionen von Seiten der USA als politisches Instrumentarium, um eine politische und gesellschaftliche Veränderung auf Kuba zu erzwingen, kann auf das Jahr 1959, dem Zeitpunkt des Sieges der kubanischen Revolution, datiert werden, auch wenn durch den Einsatz der neuen Medien Mitte der 80er Jahre im ideologischen und kulturellen Kampf der Eindruck erweckt wurde, dass eine neue politische Strategie im Gang gewesen wäre. Neu war aber die Bemühung der Clinton-Administration, einer Doppelstrate-

---

[146] Vgl. Pedro Monreal / Manuél Rúa del Llano, *Kubas Transition, Öffnung und Reform der kubanischen Wirtschaft: Die Transformation der Institutionen*, in: Bert Hoffmann (Hg.), *Wirtschaftsreformen in Kuba: Konturen einer Debatte*, 2. Aufl., Frankfurt am Main 1996, S.209.

[147] Andres Cañizales, *Cuba: Diez anios de Transformaciones*, Caracas 1998, S.76.

gie zu folgen, in der – von den wirtschaftlichen Effekten des Embargos abgesehen – der kulturelle, akademische und wissenschaftliche Austausch zwischen Kubanern und US-Amerikanern gefördert wurde, um eine gesellschaftliche Veränderung von innen voranzutreiben, die sich in der Bildung einer Übergangsregierung konsolidieren sollte: „*To provide a policy framework for United States support to the Cuban people in response to the formation of a transition government or a democratically elected government in Cuba.*"[148]

Bei der Gestaltung und Konzipierung der hier genannten politischen Strategie der USA ist in diesem Zusammenhang eine Kombination von dem Aufrechterhalten des Embargos und der Förderung der in den Vereinigten Staaten lebenden kubanischen Dissidenten zu erkennen. Besonders im zuletzt genannten Aspekt und auf Grund des Fehlens einer in Kuba starken oppositionellen Bewegung wird in US-politischen Kreisen die Möglichkeit diskutiert, wie eine Lockerung der strengen Haltung gegenüber der kubanischen Gesellschaft herzustellen wäre, um dadurch mehr Einfluss auf den gesellschaftlichen Übergangsprozess gewinnen zu können.[149] Gerade diese Dichotomie in der US-politischen Konzeption hat eine Koexistenz diverser Denkströmungen innerhalb der US-Politik ermöglicht, die den Ausdruck neuer Alternativen für eine mögliche Umsetzung der politischen Entspannung erschweren.

Die Schwierigkeit einer Durchsetzung der US-amerikanischen Politik im kubanischen Fall ist das Fehlen interner Akteure, die fähig wären,

---

[148] "*Cuban Liberty and Democratic Solidarity (Libertad) Act of 1996*", Sec.3, § 5.

[149] Es handelt sich hier um eine unabhängige Expertengruppe, die eine große Reihe von Vertretern der US-amerikanischen Öffentlichkeit versammelt und für eine mildere Politik gegenüber Kuba plädiert. Dies sollte als Vorbereitungsinstrument für die Zeit nach Castro dienen. An der Spitze der Gruppe befindet sich Bernhard Aronson und William Rogers, die als Staatssekretäre für interamerikanische Angelegenheiten in der Bush und Ford-Administration agierten. Siehe: Bernhard W. Aronson/ William D. Rogers, *Independent Task Force Report: U.S.-Cuban Relations in the 21st Century, Council on Foreign Relations*, New York 2000.

innerhalb der Strukturen der kubanischen Gesellschaft eine starke und anerkannte oppositionelle Bewegung zu gründen, um die angestrebten Projekte im politischen und sozialen Bereich umzusetzen. Diese Gegebenheit wird schon in verschiedenen politischen Kreisen auf dem amerikanischen Kontinent diskutiert und auch die Notwendigkeit einer Öffnung der Beziehungen zur kubanischen Gesellschaft aufgezeigt, um die Einflussmöglichkeiten sowie die Veränderungen von innen zu erweitern.[150] Gerade diese Absicht steht mit dem Embargo und mit den Interessen der *cubano-amerikanischen* Ultrarechten in Kontraposition. Die hier dargestellte doppelte Koexistenz politischer Denkansätze innerhalb der amerikanischen Kubapolitik kann zu einer Aufdeckung widersprüchlicher Alternativen führen, die durch die Einflussnahme auf politischer Ebene sowie durch das Agieren der Exilkubaner und deren ultrakonservativen Haltung schwer zu harmonisieren sind.

Dennoch ließ die politische Formulierung Clintons erkennen, dass sich die Strategie nicht mehr auf einen reinen Druck von außen beschränkte, sondern auch den von innen förderte, indem die US-amerikanische Herstellung und Unterstützung der Bemühungen engerer Bindungen zu den oppositionellen Kräften innerhalb Kubas sowie zu den Anti-Castro-Gegnern in Miami eine der wichtigen Säulen der aktuellen Erscheinungen in der strategischen Gestaltung der Kubapolitik wurde. Die Verbindung zu dieser Gruppierung in Florida ist von Relevanz, da eine dreiviertel Million Exilkubaner die heutige Politik, Wirtschaft und Gesellschaft in Miami beherrschen.[151] Die oben dargestellte Wende verlangt einen größeren Fluss von ökonomischen und finanziellen Mitteln, um die Kommunikation zwi-

---

[150] Siehe hier eine politische Analyse von Experten aus verschiedenen Ländern des amerikanischen Kontinents, wo die politischen Beziehungen der USA in den 90er Jahren zu den Ländern der westlichen Hemisphäre (Nord-, Süd-, Zentralamerika und Karibik) thematisiert werden. Peter D. Bell/Osvaldo Hurtado/ Carla A. Hills, *A Time for Decisions: U.S. Policy in the Western Hemisphere,* in: Inter-American Dialogue, Report of the Sol M. Linowitz Forum, Juni, Washington 2000.

[151] Simons, *Im Schutz der Delfine,* S.221.

schen Kubanern und US-Amerikanern herzustellen. Das bedeutet eine Übertragung von neuen Möglichkeiten an die politischen Gruppen in Miami, die von der C.A.N.F. repräsentiert werden. Diese politische Strategie stellte die Rahmenbedingungen her, um eine diskrete Verhandlung über wichtige Punkte der US-amerikanischen Innenpolitik, wie die Frage der Immigration, führen zu können. Durch diese politischen Interventionsmodalitäten hat Washington die kubanische Situation internationalisiert, indem die Regierung ein Netz an Oppositionsgruppen innerhalb und außerhalb der Insel, unterstützt durch eine breite Reihe von internationalen Menschenrechtsgruppen, politischen Parteien, Gewerkschaften oder Massenmedien, aufgebaut hat. Die unterstützten Gruppen innerhalb der Insel sollen dadurch einen politischen Raum schaffen, um einen friedlichen Übergang auf Kuba herbeizuführen. Die zugestimmten Maßnahmen im Jahr 1995, wie die Zulassung für die Einrichtung von US-amerikanischen Nachrichtensendern auf Kuba, die Wiederaufnahme der Geldsendungen und die Genehmigung für die Einreise von Akademikern und kirchlichen Vertretern, bildeten an sich keine bedeutenden Transformationen in der US-amerikanischen Kubapolitik, denn sie waren im Einklang mit dem „*Torricelli-Gesetz*", dessen zentrale Absicht die Aufrechterhaltung der Sanktionen zusammen mit den erwähnten Maßnahmen war, um den gesellschaftlichen Druck von innen zu erhöhen, der der Regierung Castros ein Ende setzten sollte.[152] Hier ist dennoch besonders ein Aspekt der politischen Strategie miteinbezogen worden, und zwar die Unterstützung zur Entwicklung einer politischen Opposition innerhalb der Zivilgesellschaft Kubas. „*Our policy is rooted (...) We will continue to help Cuba´s democratic opposition and the churches, human rights organizations, and others seeking to exercise the political and economic rights that should belong to all Cubans.*"[153] Clinton erhoffte dadurch sogar innerhalb seiner Legislaturperiode eine Wende auf

---

[152] Vgl. Rich, *Anatomy of a Failed Embargo*, S.151f.
[153] Clinton, "*Remarks to the Cuban-American Community*", S.953ff.

Kuba: *"I hope that it will be my privileg as President to welcome a free Cuba back into the community of democratic nations."*[154]

In der Wahrnehmung der kubanischen Regierung ist das Hauptziel dieser Schritte, eine Krisis und den Druck als destabilisierende Elemente zu fördern, um neue machtpolitische Alternativen auf Kuba entstehen zu lassen. Anders formuliert: Es lässt sich eine Kombination von Embargo und Unterstützung bei der Entfaltung oppositioneller Dissidenten als zentrales Instrument der US-amerikanischen Kubapolitik erkennen. „(...) *para desarrollar acciones subversivas, y tratar de influir sobre determinados sectores de la sociedad como el medio académico, cultural y de la presnsa.*" [155] Diese Haltung wird von den kubanischen Intellektuellen teilweise geteilt, vor allem aber von der Führung in La Habana mit Skepsis betrachtet.

5. 3 Das „Helms-Burton-Gesetz": „Liberty" Act

5. 3. 1 Die Verschärfung der Sanktionen

Mit der Teilnahme von Vertretern der Firma Bacardí, der Vereinigung kubanischer Zuckerproduzenten und Siedlern im Exil (Asociacion de Azucareros y Colonos Cubanos en el Exilio) und anderen Einrichtungen der contrarevolutionären Elite, die allesamt von der C.A.N.F. gefördert wurden, entwarfen der Senator Jesse Helms und der Kongressabgeordnete Dan Burton im Februar 1995 das Projekt „*Cuban Liberty and Democratic solidarity (Libertad) Act.*" Danach wurde dieses Projekt bekannt gegeben, dem Kongress vorgelegt und ein Jahr später von beiden Kammern mit breiter Zustimmung gebilligt. Das Gesetz spiegelt wie wahrscheinlich kein anderes Dokument die Essenz des konservativ-kubanischen Denkens und des-

---

[154] Ebd.
[155] Übers.: *Subversive Aktionen werden entwickelt sowie Versuche, um bestimmte gesellschaftliche Sektoren wie den akademischen, den kulturellen, und die Presse zu beeinflussen*", Castro zitiert nach, Mas, „*Denuncian acciones subersivas de EE.UU. y la SINA*", S.2.

sen Vorschläge für die Zukunft Kubas sowie die von der C.A.N.F. angestrebten politischen und wirtschaftlichen Interessen wider.[156] Dadurch ergibt sich in der Gestaltung der US-Politik gegenüber Kuba ein einflussreicher Hindernisfaktor, um neue politische Konzepte zu entwickeln, die an die neue internationale Realität angepasst werden müssten. Obwohl sich anfangs die Clinton-Administration auf Grund der internationalen und extraterritorialen Implikationen des „Helms-Burton-Gesetzes" dagegen ausgesprochen hatte, musste sie diese Position revidieren, nachdem innerhalb ihrer Strategie in der Wahlkampagne gegen Robert Dole zwei Flugzeuge der Organisation „Brüder zur Rettung" am 24. Februar 1996 von der kubanischen Luftwaffe abgeschossen wurden. Diese Organisation, die am Anfang mit Unterstützung und Kooperation der US-Regierung das Aufspüren von illegalen kubanischen Emigranten als Aufgabe hatte, startete weitere Flüge im kubanischen Territorium, nachdem 1993 die USA und Kuba ein Migrationsabkommen vereinbart hatten.[157] Die Billigung dieses Gesetzes wurde durch dieses Ereignis begünstigt. Das Gesetz schränkt somit den Spielraum der USA in der Konzipierung politischer Alternativen gegenüber Kuba ein und kompromittiert dieselbe mit anderen Interessen der Innenpolitik.[158] Die Clinton-Administration unternahm nichts gegen die konservative exilkubanische Organisation „Brüder zur Rettung" bezüglich ihrer Flüge über kubanisches Territorium und dies war nicht unkalkuliert, sondern eher Teil eines langjährigen Musters des Versuches, den rechten Flügel der Exilkubaner in Miami zu beruhigen. Die Gruppe hatte sich die Aufgabe gestellt, Kubanern der Flüchtlingswelle, die sich nach dem Wegfall sowjetischer Subventionen intensiviert hatte, zu retten, da die Flüchtlinge auf hoher See zu ertrinken drohten. Diese Aktionen begannen schon im Jahr 1992, als Clinton noch ein

---

[156] Joaquín Roy, « Auge y Caida de la Ley Helms-Burton », in: Leviatán: Revista de Hechos e ideas, Nr.68, Madrid 1997, S.34.
[157] LeoGrande, From Havana to Miami, S.79f.
[158] Vgl. H. Michael Erisman, "U.S.-Cuban Relations: Moving Beyond the Cold War to the New International Order?", 51f.

Präsidentschaftskandidat gewesen war. Mit seiner Unterstützung für das kubanische „Demokratie-Gesetz", das als Vorläufer des „Helms-Burton-Gesetzes" gilt, begünstigte er den rechten Flügel der Exilkubaner, der von dem Begründer der C.A.N.F., Jorge Mas Canosa, geführt wurde. Stattdessen genehmigte Clinton einige Aspekte des „Helms-Burton-Gesetzes" als Antwort auf den Absturz der zwei bereits erwähnten Flugzeuge. Dazu Clinton: „*Cuba shot down two of our planes and murdered four people in international airspace. They were completely beyond the pale of the law, and I signed the Helms-Burton legislation.*"[159]

Der Abschuss der zwei zivilen Flugzeuge wurde von der internationalen Gemeinschaft als eine Überreaktion der kubanischen Regierung angesehen. Dieser Vorfall veranlasste die US-amerikanische Regierung, mit einem Gesetzeserlass im selben Jahr drastisch zu reagieren und eine „*national emergency*" als Vorbereitung für die Verschärfung des Embargos gegen Kuba zu erklären, das dann im Februar 1998 von Clinton verlängert wurde.[160]

Die Erlassung und Zustimmung des „*Helms-Burton-Gesetzes*" ist somit nichts anderes als das verstärkte und verschärfte „*Torricelli-Gesetz*" und stellt die oben erwähnte Kontinuität der US-amerikanischen Kubapolitik dar. Vor dem Zusammenbruch der Sowjetunion war die internationale Präsenz und der Aktivismus Kubas eine grundlegende Sorge der US-Administration. Nach der Wende und auf Grund der darauf folgenden internen wirtschaftlichen Krise, die Kuba immer noch durchmacht, orientiert sich die US-Politik neu und schlägt eine weitere Strategie vor, nämlich die genaue Beobachtung

---

[159] Clinton bei einer Debatte in Hartford 1996. zitiert nach: *"Presidential Debatte in Hartford"* in: http://usinfo.state.gov/pdq/pdq.htm, Public Papers of the Presidents, U.S. Government Printing Office, via GPO Access, Text 319, 6. Oktober, Hartford 1996, S.1767.

[160] William J. Clinton, *Continuation of the National Emergency Relating to Cuba and of the Emergency Authority Relating to the Regulation of the Anchorage and Movement of Vessels,* in: Presidential Documents, Federal Ragister, *Vol. 63, 38(02/1998),* Notice 9923.

der inneren Dynamik und der Veränderungsprozesse in der kubanischen Gesellschaft. Diese Neuorientierung bezieht sich nicht auf eine neue politische Ideologie, sondern auf die Vertiefung der strategischen Maßnahmen, denn die Ideologie der US-Politik hat einen traditionellen Charakter in Lateinamerika. Dies äußert sich besonders deutlich in den „Torricelli-" und „Helms-Burton-Gesetzen": „The Helms-Burton Act captures well the ideological tradition in US foreign Policy."[161]

In der Politik Clintons wurde vor dem Abschuss der zwei Flugzeuge eine gesprächbereite Haltung von der kubanischen Regierung wahrgenommen, die zu den bilateralen Migrationverträgen im Jahr 1995 führte. Dabei äußerte sich der damalige Präsident des kubanischen Parlaments und Außenminister Ricardo Alarcón, der die Vertragsverhandlungen führte, folgendermaßen: „Una voluntad política que durante mucho tiempo estuvo ausente. A pesar de que existen discrepancias, de que sigue el bloqueo, de que la política norteamericana no ha cambiado en lo fundamental, es justo reconocer que en esa materia fueron capaces de hacer lo que no hicieron anteriormente."[162]

5. 3. 2 Die Beibehaltung der Ziele

Im Februar 1995 führten Helms und Burton eine Initiative für das Gesetz der kubanischen Freiheit und demokratischen Solidarität ein, dessen Ziel es war, ausländische Firmen und globale Institutionen zu bestrafen, die mit Kuba wirtschaftliche Beziehungen pflegten. Die wichtigsten vorgesehenen Maßnahmen des Gesetzes waren genau bestimmt und gaben keinen Raum für Interpretationen. Bei einer

---

[161] Domínguez, U.S.Cuban Relations, S.57.
[162] Übers. Ricardo Alarcóns Interviewausschnitt: „Ein politischer Wille war lange Zeit abwesend. Trotz der Existenz von Diskrepanzen und dass das Embargo immer noch besteht und sich die Politik der USA grundsätzlich nicht geändert hat, ist es angebracht anzuerkennen, dass sie willens und fähig waren, das zu tun, was sie (die USA) früher nicht taten", in: Granma International, La Habana , 17.05. 1995, S.1.

Durchsetzung des Gesetzes würden die ehemaligen Eigentümer von US-amerikanischen Firmen, die von Castro nationalisiert wurden, das Recht bekommen, ausländische Unternehmen, die mit solchen Gesellschaften zusammenarbeiten und Geld investieren, vor US-amerikanischen Gerichten zu verklagen. Zudem würden Geschäftsführer oder Besitzer solcher Unternehmen, die Gewinn aus den Geschäften mit Kuba erzielen, kein Visum für die Vereinigten Staaten bekommen. Länder, die Zucker aus Kuba kaufen oder mit demselben Handel treiben würden, müssten mit einem Verlust des Vorzugs auf dem US-amerikanischen Markt rechnen. Hinzu kommt, dass sich die Beitragszahlungen der USA an die Weltbank und an den internationalen Währungsfond in der gleichen Höhe reduzieren würden, wie die Höhe der zugesagten Kredite für Kuba betragen würde, falls die IWF und die Weltbank der Insel diese Gelder zur Verfügung stellten. Außerdem würde die US-ökonomische Unterstützung für Russland in der gleichen Höhe eingefroren, wie die der russischen Unterstützung für La Habana betrüge.[163] Die USA setzen bei der Formulierung der Ziele und Interessen auf Kuba die unter der prä-castristischen Periode existierende Freiheit und den Wohlstand der kubanischen Bevölkerung auf der Insel voraus. Dadurch lässt sich der Gegenstand der heutigen Aufgabe in der Wiedergewinnung ihrer Freiheit und ihres Wohlstandes, wie in Sec. 03 des „Helms-Burton-Gesetzes" als erstes Ziel festgelegt, erkennen: „The purposes of this Act are to assist the Cuban people in regaining their freedom and prosperity, as well as in joining the community of democratic countries that are flourishing in the Western Hemisphere."[164]

Die legale Basis für die Anwendung der Sanktionen liegt in den Augen der USA darin, dass die Investoren US-amerikanisches Eigentum auf der Insel nutzen, das nach dem Sieg der Revolution von der kubanischen Regierung beschlagnahmt wurde. Dennoch

---

[163] "Cuban Liberty and Democratic Solidarity (Libertad) Act of 1996", Sec. 104.
[164] Ebd., Sec. 3, § 1.

entschied Präsident Clinton, § 3 des Gesetzes nicht anzuwenden. Dieser Paragraph sieht das Einreiseverbot von Geschäftspartnern oder Investoren auf Kuba in die USA vor. Die Bedingungen für die Aufhebung der Sanktionen werden an die Einführung eines demokratischen Übergangs und eines liberalen Handels gekoppelt. Tatsache ist, dass mit dem Entwurf und der Zustimmung des „Helms-Burton-Gesetzes" Sanktionen an dritte Länder und an Individuen, die mit Kuba handeln oder kooperieren, angewendet werden.[165] Dies führte zu internationalen Reaktionen, brachte aber auch innenpolitische Effekte mit sich.

5. 4 Reaktionen und Auswirkungen auf die Sanktionen

5. 4. 1 Kontraproduktivität und Selbsteinschränkung

Die von Kuba vorgenommenen Reformen werden von den USA relativiert und nicht als ein Akt des „guten Willens" wahrgenommen oder als Grundlage genutzt, um weitere bilaterale Verhandlungen zu ermöglichen. Die Bereitschaft Castros, weitere Schritte zu gehen, wurde als Zeichen der Schwäche angesehen und eher als Erfolgsergebnis der politischen Richtlinie der USA interpretiert. Eine leichte Änderung zeigte sich, als hohe Funktionäre des Staatsdepartments und des Sicherheitsrats an einer Revision der Kubapolitik teilnahmen. Die Schlussfolgerungen dieser Versammlung stellten die bisherige Strategie und seine Wirksamkeit in Frage. Sie plädierten für eine Neuorientierung, da die wirtschaftlichen Sanktionen nicht die erwarteten politischen Reformen hervorgerufen hatten.[166] Trotz der

---

[165] Ebd., Title III, Sec. 301.
[166] Merle D. Kellerhals, *"Conferencia congresional aprueba reformar sanciones",* in: http://usinfo.state.gov/espanol, Servicio Noticioso desde Washington, Departemento de Estado, Programas de información Internacional, 6 October 2000. Siehe auch: Eric Green, *"Expertos comerciales E.U. examinan efectos embargo a Cuba",* in:. http://uninfo.state.gov/ espanol, Departamento de Estado, Programas de información Internacional, 19 July 2000.

Opposition des Büros für interamerikanische Angelegenheiten des Staatsdepartments, das auf eine dauerhafte Politik der Nichtkooperation mit La Habana bestand, versuchten die Berater Clintons, ihn zu einer Reduzierung des Drucks in bezug auf den Tourismus und die Dollar-Sendungen der Exilkubaner zu bewegen. Die Idee war, den Willen Castros zu testen, ob er die von den USA geforderten Reformen einführen würde, denn sie gelten bis heute als Bedingung für eine Normalisierung der bilateralen Beziehungen. Noch ein Grund für diese Initiative war die Unsicherheit über einen möglichen zivilen Aufstand auf der Insel, der viele Kubaner wie im Jahr 1993 ins Exil zwingen würde. Daher musste das Problem einer potentiellen Exilwelle schnell gelöst werden und es wurde offensichtlich, dass nur ernsthafte Verhandlungen mit La Habana den Rahmen für eine Lösung schaffen konnten. So kündigte Bill Clinton an, dass die besondere Behandlung, die den geflohenen Kubanern in den letzten 30 Jahren zugestanden worden war, zu Ende sei. Denn, so der Präsident: „*We simply cannot admit all Cubans who seek to come here.*"[167] Damit war klar, dass die Kubaner in Guantanamo, die im Jahr 1993 geflohen waren, als letzte Gruppe zählten, welche die besondere Behandlung der Einwanderungspolitik der USA genießen konnte. Dies bedeutete gleichzeitig, dass die nächsten in Richtung USA fliehenden Kubaner, die von der Polizei auf hoher See erwischt werden, automatisch nach Kuba zurückgewiesen werden.[168] Die Idee und das Hauptziel dieses Gesetzes war das schon existierende Embargo zu verschärfen, um die Castroregierung zu schwächen. Die verfolgten Ziele wurden jedoch verfehlt und verursachten den USA Schwierigkeiten mit den internationalen Geschäftspartnern. Das Gesetz traf nicht wie erwartet die kubanische Wirtschaft, sondern schloss die Tür, eine mögliche wirksamere diplomatische Annäherung an Kuba voranzutreiben. Die unternommenen Schritte Clintons erwiesen sich als kontraproduktiv, denn sie neigten dazu,

---

[167] Clinton, "*Remarks to the Cuban-American Community*", S. 953.
[168] L. Greenhouse, „*US will return refugees to Cuba in policy switch*", in: New York Times, 3 *(05/ 1995)*, S. 1-14.

die Vereinigten Staaten – oder zumindest die amerikanischen Bürger – mehr als die kubanische Regierung zu bestrafen. Zunächst einmal strich Clinton alle Charterflüge zwischen Miami und Havanna, die vor allem *Cubano-Americanos* zu Familienbesuchen befördert hatten. Durch diese Maßnahme wurden sie gezwungen, andere Wege wie beispielsweise über Mexiko oder über die Bahamas zu finden. Der Präsident kündigte auch eine strengere Einführung von Reisebeschränkungen amerikanischer Bürger nach Kuba an. Dies widersprach auch direkt der festgesetzten Zielsetzung des Präsidenten, Kontakte mit der kubanischen Bevölkerung zu intensivieren. Dies gehörte zu seiner Doppelstrategie: Embargos und Verbindung zum kubanischen Volk. Clintons Wortlaut: *„We made the embargo tougher, but we increased contacts, people to people, with the Cubans, including direct telephone service, which was largely supported by the Cuban-American community."*[169]

5. 4. 2 Der US-Unilateralismus und die internationalen Reaktionen

Bei einer Zusammenkunft in Sitges (Katalonien) im Juli 1996, von der Europäischen Union und dem „Center for International Policy" in Washington D.C. unterstützt, um die Aufrechterhaltung des Embargos von Seiten der USA und deren Konsequenzen für den Handel und die Entwicklung Kubas zu analysieren, wurde das *„Helms-Burton-Gesetz"* als „schädlich"[170] für den internationalen Handel und den Fluss ausländischer Investitionen eingestuft. Das Gesetz lässt verschiedene Aspekte, die für die kubanische Gesellschaft schwerwiegende Folgen haben, deutlich erkennen. Es enthüllt die Absicht der amerikanischen Regierung, das Kuba von heute in seinen politischen und wirtschaftlichen Strukturen zu verändern und bestätigt

---

[169] Clinton zitiert nach: *"Presidential Debatte in Hartford",* S.1767.
[170] Miguel Alejandro Figueras, *"La ley Helms-Burton y sus implicaciones",* in: Revista bimestre cubana de la Sociedad Económica de Amigos del País, Vol. 80, Nr. 5, La Habana 1996, S.99.

auch, dass eine Blockade und nicht ein Embargo operiert wurde, obwohl Kuba schon mehr als 36 Jahre lang genau diese Maßnahme als Embargo denunziert, ohne dass es von den internationalen Organismen in seinen offiziellen Erklärungen als solches anerkannt wurde. Das Gesetz erkennt aber auch die Tatsache an, dass sich die kubanische Wirtschaft erholt und sich der Investitionsprozess als Nutzen für die ausländischen Investoren auf der Insel entwickelt.[171] Es wird in der internationalen Presse als Teil einer Problematik wahrgenommen, die nur Kuba betrifft, es beeinflusst aber auch die zwischenstaatlichen wirtschaftlichen Beziehungen. Die breite Ablehnung dieses Gesetzes von Seiten der internationalen Gemeinschaft darf nicht als Parteiergreifung für die Interessen Kubas verstanden werden, sondern als die Bemühung, eigene Interessen durch internationales Recht zu schützen. Der internationalen Gemeinschaft geht es um die von den USA erlangten unilateralen Entscheidungen, die extraterritoriale Reichweite haben, ohne dass sie die international vorhandenen Handelsabkommen berücksichtigen. In Europa zeigt sich eine andere Haltung gegenüber Kuba, die ebenso wie die USA Ziele wie beispielsweise mehr politische Partizipation und Achtung der Menschenrechte verfolgt. Dies soll jedoch nicht durch Sanktionen, sondern durch einen *„Dialog, um den Veränderungsprozess zu begleiten",*[172] erreicht werden.

Von dem Gesetz sind Firmen in den USA betroffen, die großes Interesse zeigen, Geld auf Kuba zu investieren, sobald das Embargo aufgehoben wird. Im Jahr 1994 besuchten 400 Unternehmer die Insel, um Geschäftsmöglichkeiten zu sondieren, im Jahr 1995 wurden 1000 Firmen mit dem gleichen Vorhaben gezählt. Trotz dieser Maßnahmen der amerikanischen Politik wuchsen die Investitio-

---

[171] *"Cuban Liberty and Democratic Solidarity (Libertad) Act of 1996",* Title IV, Sec. 2.

[172] „Wandel durch Annäherung", o.V., in: Frankfurter Allgemeine Zeitung *13 (02/2001),* S.2. Siehe auch: Hans-Helmut Kohl, *„Wandel durch Zusammenarbeit: Warum sich die deutsche Entwicklungshilfe in Kuba engagiert"* in: Frankfurter Rundschau, *29(05/2000),* S.3.

nen und Partnerschaften vor allem mit Kanadiern, Mexikanern und Europäern weiter. Auf Kuba zeichnete sich in diesem Zusammenhang besonders in dem Tourismussektor eine Entwicklung ab, die vor allem seit 1992 mit dem Artikel 23 als Ergänzung der kubanischen Verfassung beflügelt wurde, da durch ihn der Staat die ausländischen Investitionen ausdrücklich garantiert.[173] Die durch die Ablehnung der UNO-Mitglieder hervorgerufene Isolierung der USA mit ihren unilateralen Sanktionen gegen Kuba in den 90er Jahren und mit ihrem Beharren, das Embargo aufrecht zu erhalten, macht deutlich, dass die USA in ihren außenpolitischen Zielen keine Unterstützung durch andere Länder erwarten können. Hier lassen die USA eines ihrer wichtigsten Ziele von einem Kuba ohne Castro erkennen. Es kann behauptet werden, dass ein wichtiges Ziel dieser Politik der Sturz der Castro-Regierung ist: *„The real goal of many of the embargo´s supporters is not the achievement of better relations with Cuba that might lead to increased political rights for its citizens, but the overthrow of Fidel Castro."*[174] In der Wahrnehmung der internationalen Gemeinschaft hatte sich Kuba mit zwei wichtigen Ereignissen konfrontieren müssen, die sich auf ihre Außenpolitik auswirkten. Das erste Mal war dies Anfang der 60er Jahre auf Grund der US-amerikanischen Blockade und des Rauswurfs aus der „Organisation Amerikanischer Staaten" (OAS) der Fall. Nur Mexiko und Kanada behielten in der westlichen Hemisphäre die Verbindungen zu der Insel. Als zweites Ereignis ist der Zeitpunkt in den 90 Jahren zu nennen, bei dem Kuba tiefgreifende Veränderungen vornehmen musste, denn nach der Auflösung der sozialistischen Regime sowie der Sowjetunion mit den darauf folgenden wirtschaftlichen und diplomatischen Konsequenzen entschieden sich die Übergangsregierungen für eine politische sowie wirtschaftliche Distanzierung von La Habana und für eine Strategie der Annäherung an die Europäische

---

[173] *Constitución de la República de Cuba*, in : www.georgetown.edu/pdba/ Constitutions/Cuba1992.html, Base de Datos Políticos de las Américas, Cuba 1992, S.8.
[174] Schwab, Cuba: *Confronting the US Embargo*, S. 17.

Union, Lateinamerika und an die Karibischen Staaten. Auch Kuba bemüht sich, dieser Strategie zu folgen und stößt auf offene Ohren und Reaktionen, wie auf die von der Bundesrepublik Deutschland, eine der wichtigsten Partner in der EU. Die Bundesrepublik „will die Beziehungen zu Kuba erweitern und vertiefen", denn es wird eine „spürbare Dynamisierung" auf der Insel wahrgenommen. Deswegen wird als Fundament der Beziehungen „ein engerer Dialog, um den Transformationsprozess zu begleiten," gesucht, also ein „Wandel durch Annäherung."[175] Der Versuch Clintons, diese Sanktionen zu internationalisieren, stieß auf breite Proteste und Ablehnung von den internationalen US-Partnern, wie Mexiko, Kanada und der Europäischen Union. Die Regierungen in Europa, Kanada und Lateinamerika verurteilten dieses Gesetz wegen seiner extraterritorialen Reichweite und seines Verstoßes gegen die Richtlinien des globalen Handels.[176] Solange das Weiße Haus in einer Landschaft globaler Veränderungen zu Gunsten des freien Marktes eine strenge Politik gegenüber Kuba verfolgt, begrenzt es seine eigene Chance, von dieser Entwicklung zu profitieren. Dies macht die internationale Ablehnung gegen die US-amerikanische Kubapolitik deutlich. Eine Abstimmung über das US-Embargo in der Generalversammlung der Vereinten Nationen im November 1999 ergab 157 Contra- und 2 Pro-Stimmen. Das einzige Land, das den USA zustimmte, war Israel, doch paradoxerweise handelt es dennoch mit Kuba.[177]

Die harte Haltung Clintons konnte nicht verhindern, dass europäische Firmen in der Art und Weise weiter Geschäfte mit Kuba abwikkelten, dass sogar Verträge für den Export von Rohstoffen entstanden. Deutsche und holländische Banken finanzierten weiter den Zuckersektor, Frankreich vermehrte 1995 die Ausfuhrkredite und

---

[175] „Wandel durch Annäherung", in: F.A.Z., S.1.
[176] James Cohen, „Las Relaciones entre Cuba y EE.UU. bajo Clinton (1993-97)", in : Ibero-Americana pragensia, Año 32, Praga 1998, S.193ff.
[177] Volker Skierka, „Castros Erfolg", in: Die Zeit, Nr. 47 (18/11/1999), S.13.

erneuerte eine Garantie von 120 Millionen US-Dollar, um den Austausch von Weizen gegen Zucker zu unterstützen. Zudem besuchten mehrere britische Gruppen Kuba, um Finanzierungsmöglichkeiten für Entwicklungsprojekte und Investitionen zu diskutieren. Im Namen der Europäischen Union nannte schon 1995 der verstorbene Francois Mitterand das Embargo „primitiv" und „idiotisch."[178] Auf regionaler Ebene hat die Politik Clintons dazu geführt, dass die USA isoliert wurden. Nicht nur die Mehrheit der Regierungen der westlichen Hemisphäre haben ihre diplomatischen Beziehungen zu Kuba wieder aufgenommen, sondern die lateinamerikanischen privaten und staatlichen Investitionen haben auch zugenommen. Trotz der starken Opposition der USA investierte die mexikanische Regierung 1400 Millionen US-Dollar, um 49% des kubanischen Telefonsystems zu erwerben. Gleichzeitig erreichten die chilenischen Investitionen auf Kuba 40 Millionen US-Dollar.[179] Dieser Handel zwischen Kuba und seinen Nachbarn, welcher ein wirtschaftliches Wachstum mit sich brachte, zeigte eine Ablehnung der Bemühungen Washingtons, den wirtschaftlichen eisernen Vorhang in der Region gegenüber Kuba zu behalten. Europäische, asiatische, lateinamerikanische und kanadische Regierungen sowie solche aus anderen Ländern haben durch die Intensivierung der Beziehungen zu Kuba nicht nur eine Antwort auf die Entwicklung des Marktes und die festgelegten Linien für die Auslandsinvestitionen gegeben, sondern förderten auch die Investitionen auf der Insel. Diese Haltung der US-Handelspartner und anderer Länder zeigt, dass die US-ideologischen Argumente von der internationalen Gemeinschaft nicht ernst genug genommen werden und diese somit zu einer Selbstisolierung und Selbstbegrenzung führen. Damit widerspricht sich Washington in seinen ideologischen und wirtschaftlichen Bestrebungen. Anstatt die kubanischen

---

[178] Francois Mitterand 1995 zitiert nach C. Trueheart, in: *"US hard-line stance on Cuba draws ice reviews from trading partners"*, in: Washington Post, *10 (09/1994),* S. 18 A.

[179] J. Brooke, *"Latin America now ignores US lead in isolating Cuba"*, in: New York Times, *8 (07/1995),* S.1 u. 5.

Veränderungen für eine Vertiefung derselben auszunutzen, schaffen die USA mit dieser Position für andere Länder und gesellschaftliche Akteure ungewollt die Möglichkeit, eine aktivere Rolle auf Kuba zu übernehmen.

5. 4. 3 Die kubanische Reaktion

Eine Schwierigkeit ergibt sich, wenn man die Entfaltung Kubas ohne Druck von außen analysieren und vergleichen möchte, denn es ist in der Geschichte der Insel keine Periode vorhanden, in der Kuba nicht von fremden Mächten entweder besetzt, bedroht oder beeinflusst wurde. Ab 1991 unternahm Kuba trotz allem bedeutende Reformen und trat in die so genannte „*Periodo Especial*"[180] ein, um das Überleben des Systems in der neuen Weltordnung mit Erfolg zu sichern. Dafür war es notwendig gewesen, die Konstitution von 1976 zu reformieren.[181] Die Antwort der USA auf diese „Korrekturen", wie Fidel Castro sie nannte, war durch Druck gekennzeichnet und wurde von den USA nicht als Gelegenheit wahrgenommen, weitere Reformen zu unterstützen. Das lässt heute noch deutlich erkennen, dass die US-Kubapolitik eher eine ganz neue als eine reformierte Regierung bevorzugt.[182] Paradoxerweise zeigt die politische Dimension der US-amerikanischen Debatte über die Kubapolitik zwei verschiedene Elemente. Währenddessen in den USA sich die Diskussion in eine interne politische Angelegenheit verwandelt, erreicht dieselbe auf Kuba einen internationalen Charakter und eine Haltung der Verteidigung, die die politische und führende Elite auf der Insel zusammenschweißt. Die Verbindung und Geschlossenheit der kubanischen Führung als Reaktion auf die feindselige Politik der USA hemmen die weitere Entfaltung möglicher Reformen auf der Insel und die Akteure haben dadurch einen limitierten wirtschaftlichen und politischen Spielraum, um gesellschaftliche Neuerungen voranzutreiben.

---

[180] Übers.: « Sonderperiode ».
[181] « *La constitución de la República de Cuba* », S.1.
[182] Giuliano, *La Transición cubana y el bloque norteamericano*, S.107.

In der Wahrnehmung der kubanischen Führung deutet die US-amerikanische politische Konstruktion gegenüber Kuba darauf hin, dass durch die Billigung des „Helms-Burton-Gesetzes" in diesem Zusammenhang ein widersprüchlicher Schritt gemacht wird, durch den das wahre Interesse der USA erkennbar gemacht wird. Hierzu wird durch das genannte Gesetz zum Ausdruck gebracht, dass neben anderem vor allem der Besitzanspruch auf früheres Eigentum von den *Cubano-Americanos*, die zu der damaligen Zeit kubanische Staatsbürger gewesen waren und deren Besitz 1959 verstaatlicht worden war, erhoben wird.[183] Die kubanische Regierung sieht in diesen zwei Gesetzten („*Torricelli*" und „*Helms-Burton*") ein Instrumentarium „imperialistischer Politik",[184] das sogar dritte Länder zur Unterstützung des Gesetzes und der US-Politik, mit dem Argument der *„Protection of Property Rights of United States Nationals"*,[185] zwingen will. Auf Grund des Machtmonopols war es der kubanischen Führung möglich, schnelle und tiefgreifende Korrekturen vorzunehmen, die in einem pluralistisch-parlamentarischen Staat nicht möglich gewesen wären. Diese Fähigkeit, flexibel auf die US-Politik zu reagieren, macht es dem *„Helms-Burton-Gesetz"* schwer, die politische kubanische Führung zu destabilisieren. Das Gesetz erleichtert auch nicht die möglichen wirtschaftlich-progressiven Reformen auf Kuba und zeigt sich als Hindernis, den Transformationsprozess voranzutreiben. Das Gesetz steuert eher darauf hin, die ablehnende Wahrnehmung der Bevölkerung gegenüber der US-Politik zu favorisieren, wobei für die Kubaner durch die Verschärfung der Maßnahmen keine andere politische Alternative gesehen wird als das existierende System, um ihre eigenen Interessen zu schützen. „*Las políticas de EE.UU. favorecen la percepcion de que no*

---

[183] "*Cuban Liberty and Democratic Solidarity (Libertad) Act of 1996*", Sec.3, § 6.

[184] „*Raúl recomienda a EE.UU. normalizar relaciones con la Cuba de Fidel*, in Granma International, o.V., 5 (01/2001), S.1.

[185] "*Cuban Liberty and Democratic Solidarity (Libertad) Act of 1996*", Title III, Sec.301.

hay alternativas atractivas a la dictadura."[186] Die Gegenreaktion der Kubaner auf die Aufrechterhaltung der Sanktionen lässt vielmehr nach zehn Jahren des Zusammenbruchs der Sowjetunion erkennen, dass sich die Reihen innerhalb der kubanischen Regierung schließen und gegen die Politik der USA Front gemacht wird. Ein weiterer Schritt der politischen Führung war die kubanische Wahlreform im Jahr 1992 (*La Reforma Electoral Cubana*). Trotz der Ablehnung, einen politischen Pluralismus zu akzeptieren, erlaubte die kubanische Führung zum ersten Mal seit mehr als drei Jahrzehnten des revolutionären Prozesses dem Volk, in direkter und geheimer Wahl die Abgeordneten für die Nationalversammlung zu wählen, die das höchste machtpolitische Organ auf der Insel ist. Die erwähnte Neuerung wurde im Kapitel XIV der Verfassung festgelegt.[187] Die Voraussetzung, in der kommunistischen Partei Kubas Aktivist gewesen zu sein, um kandidieren zu können, wurde aufgehoben. Dieses Wahlverfahren im politischen Prozess wurde bei der Festlegung 1992 als die Institutionalisierung der Revolution verstanden. Weitere politische Öffnungen innerhalb des Systems wurden von Castro bei einem CNN-Interview auf Grund des Drucks von außen und mit Verweis auf das Embargo als nicht angebracht bezeichnet: *„Las reformas políticas en uns sistema multipartidario no son en este momento posible y menos en un país que está acosado desde afuera. No es ahora oportuna en dividir la nación."*[188] Das gibt zu verstehen, dass der politische Prozess und die Reformen, die von der Regierung vorgenommen werden, kein Ende gefunden haben, und dass die politischen Veränderungen durch das US-Embargo

---

[186] Übers.: *„Die Politik der USA vermittelt die Wahrnehmung, dass uns heute keine Alternative zur Diktatur bleibt"*, in: Giuliano, *La Transición cubana y el bloque norteamericano*, S72.

[187] « *Constitución de la República de Cuba* », Art. 131 bis 136, S.27.

[188] Castro bei einem CNN-Interview 1998, Übers.: *„Die politischen Reformen in einem Multiparteiensystem sind im Moment nicht möglich und weniger in einem Land, das von außen bedrängt wird. Es ist nicht angebracht, die Nation jetzt zu teilen"* zitiert nach Cañizales in: *Cuba: diez añoz de Transformaciones*, S.70.

diesen Prozess nicht fördern, sondern behindern. Trotz der Einführung dieses Gesetzes versucht die kubanische Regierung weiter den Kurs der Verständigung mit Washington zu gehen. Als Beispiel zeigen sich die zwei unterschriebenen Migrationsverträge, die trotz der Krise nach dem Abschuss der zwei Flugzeuge im Februar 1996 weiter von beiden Seiten eingehalten werden. Die Verträge bringen eine Wende in der Migrationspolitik der USA gegenüber Kuba mit sich, denn nach ihrer Verabschiedung wird den von der Polizei auf hoher See festgenommenen geflohenen Kubanern *„Balseros"* kein Asyl mehr gewährt.[189] Drei Jahrzehnte lang haben die USA allen *„Balseros"* automatisch politisches Asyl gegeben, was auch von Organisationen wie der C.A.N.F. propagandistisch ausgenutzt wurde. Die USA akzeptierten auch, jährlich 20.000 Visa an Kubaner zu erteilen, die bei dem Büro für das Interesse der Vereinigten Staaten auf Kuba zu beantragen sind. Diese Möglichkeit der legalen Immigration wurde von Clinton als ein generöses Programm bezeichnet: *„Under our generous program of legal immigration, 20.000 Cubans from Cuba will be allowed to enter and reside in the United States every year from now on."*[190]

Die durch die Einführung des *„Helms-Burton-Gesetzes"* gewonnene Zuversicht, die Tage von Fidel Castro schon zählen zu können, ergab sich als Fehlkalkulation, denn wie man weiß, ist dies bis heute nicht der Fall gewesen. Dennoch wurde die kubanische Wirtschaft von diesen Maßnahmen betroffen, worauf die Regierung mit wirtschaftlichen Reformen reagierte und vier Jahre später Erfolge in der Verbesserung der wirtschaftlichen Lage Kubas aufzuzeichnen hatte. Somit hatte der Senator Jesse Helms nur in diesem recht behalten,

---

[189] *"Background Notes: Cuba"*, in: www.state.gov/www/background_notes., U.S. Department of State, Bereau of Inter-American Affairs, April 1998, S. 8ff.

[190] Clinton, *"Remarks to the Cuban-American Community*, S.953.

dass das Gesetz die Wirtschaft Kubas schwer treffen würde, aber nicht in seiner Aussage: „We can now say, adios, Fidel."[191]

5. 4. 4 Die US-innenpolitischen Effekte der Sanktionen

5. 4. 4. 1 Der Kongress: Der neu geschaffene Spielraum

Der US-amerikanische Kongress verfügt über Instrumentarien, die ihm erlauben, in der Außenpolitik nicht nur die Initiative zu ergreifen, sondern auch die Durchführung der Außenpolitik durch einfache oder gemeinsame Resolutionen zu kontrollieren. Mittels der Gesetzgebung kann er die Politik des Präsidenten unterstützen oder aber auch eine andere Richtung vorschreiben.[192] Bei der Formulierung und Durchführung der US-Außenpolitik bleibt der Präsident weiterhin eine dominierende Figur. Aber die Unterstützung durch den Kongress ist für den Erfolg der Außenpolitik der Exekutive unabdingbar geworden.[193] Interessant ist in diesem Zusammenhang der immer größer werdende Einfluss des US-Kongresses auf die Beziehungen beider Länder. Als Beispiel dafür kann der Entwurf des „Helms-Burton-Gesetzes" erwähnt werden, denn in diesem wird deutlich, dass der US-Kongress eine Funktion gewonnen hat, die er früher nicht inne hatte. Die Funktionen dieses strukturellen Apparates in der Gestaltung der kubanischen Beziehungen waren in erster Linie, politische Instrumente zu entwickeln, die dem Präsidenten zur Verfügung stehen sollten. Dies bedeutet vor allem eine legislative Funktion, in dem Gesetzesinitiativen aber auch Gesetzesvorlagen intensiv bearbeitet, verändert oder auch blockiert werden.[194] Unter

---

[191] Republikanischer Senator Jesse Helms, zitiert nach Wayne S. Smith in: The US-Cuba Imbroglio: Anatomy of a Crisis, Center for International Policy, Washington DC, Mai 1996, S.8.

[192] Dittgen, Präsident und Kongress im außenpolitischen Entscheidungsprozess, S.429.

[193] Ebd., S.423.

[194] Kurt L. Shell, Das politische System, Kongress und Präsident, in: Peter Lösche/ Paul Adams (Hg.), Länderbericht USA, Bonn 1998, S.208.

den Bedingungen des „*Helms-Burton-Gesetzes*" beispielsweise ist ohne Zustimmung des Kongresses nichts zu verändern. Bei den wichtigen Angelegenheiten der internationalen Politik reagiert der Kongress als essenzielles Element der US-amerikanischen politischen Struktur, besonders durch die wichtige Aufgabe, Gelder für die Programme der Regierung zu genehmigen. Das bedeutet, dass die Bedenken des Kongresses besonders in bezug auf die Finanzierung internationaler Maßnahmen vom Präsidenten berücksichtigt werden sollen, wie Thomas R. Pickering, Staatssekretär für politische Angelegenheiten unter Clinton, formulierte: *„Todo el aparato de política esterior toma muy en serio la función congresional en cualquier cuestión de política exterior que se plantee (...) siempre se considera el como informarlo, como optener opiniones congresionales y analizar el enfoque congresional."*[195] Die Normen und Regeln, die bei der Formulierung und Ausübung der US-amerikanischen Kubapolitik früher galten, haben sich somit transformiert und dadurch wird die Möglichkeit, eine Verbesserung der Beziehungen voranzutreiben, teilweise erschwert. Eine direkte Konsequenz der harten Linie Clintons gegenüber Kuba war die Schaffung eines günstigeren politischen Klimas, aber damit erreichten wiederum die internen konservativen Kräfte im Lande eine radikalere Haltung gegenüber Kuba. Aus dem Sieg der Republikaner im Jahr 1994 resultierte bei der Erneuerung des Kongresses, dass zwei der radikaleren Castro-Gegner die Präsidentschaft des politischen Auslandsausschusses übernahmen. Der Senator Jesse Helms übernahm die Präsidentschaft des Komitees für Außenbeziehungen des Senats. In der unteren Abgeordnetenkammer übernahm Dan Burton das Sub-Komitee für westliche Angelegenheiten der Hemisphäre. Die Hal-

---

[195] Übers.: „Der ganze Apparat der Außenpolitik nimmt die Funktion des Kongresses in jeder Frage der anstehenden Außenpolitik sehr ernst (...) Es wird immer berücksichtigt, wie er informiert wird und wie man Meinungen vom Kongress für die Analyse und Fokussierung desselben bekommen kann", Thomas R. Pickering, *„La dinámica cambiante de la Elaboración de la política exterior de Estados Unidos",* in: http://usinfo.state.gov/journals, Department of State, US Foreign Policy Agenda, March 2000, S.2.

tung des Kongresses der Vereinigten Staaten zu der Kubafrage zeigt Elemente eines unilateralen Handelns, das die Interessen anderer Akteure nicht berücksichtigt und die Integration im internationalen System nicht begünstigt. Mit den Worten von Wayne S. Smith heißt dies: „*One has the impression that the Congress would prefer that the United States go it alone rather than play an integral role within an increasingly interdependent international system.*"[196] Der Einfluss des Kongresses auf die Gestaltung der Außenpolitik der USA gegenüber Kuba grenzt den Präsidenten in seinen außenpolitischen Entscheidungen ein, um andere Wege der Entspannung mit Kuba zu suchen und somit führen die möglichen Lösungen des Konflikts in eine Sackgasse. Der Präsident darf keine Maßnahmen veranlassen, die nicht mit dem ausdrücklichen oder impliziten Willen des Kongresses vereinbar sind. In diesem Sinne ist der Präsident eingeschränkt und darf sich nur auf seine eigenen verfassungsrechtlichen Vollmachten berufen.[197] Mit der Durchsetzung der genannten Gesetze im Kongress geraten die USA in die Versuchung, unilaterale Entscheidungen zu treffen, die gleichzeitig im internationalen System nach dem Ende des Kalten Krieges und aus einer Machtposition heraus der letzten Supermacht dieses Verhalten ermöglichen und vereinfachen. So versuchen die USA jene Länder, mit denen sie starke wirtschaftliche Beziehungen pflegen, zu einer im Sinne US-amerikanischer Interessen harten Linie zu bewegen, die auch die innewohnende Herrschaft der Innenpolitik in den USA darstellt. Die zwei Sanktionen sind somit ein Ausdruck der größeren Bedeutung der innenpolitischen Prozesse in der Formulierung der Außenbeziehungen der USA nach der Wende in Ost-Europa. Nach dem Ende des Kalten Krieges öffnet sich für Interessengruppen eine Möglichkeit, über den Kongress gruppenspezifische Ziele umzusetzen. Die Präsidentschaftswahlen werden dann in Zukunft von den

---

[196] Smith, *The US-Cuba Imbroglio: Anatomy of a Crisis*, S.14.
[197] Dittgen, *Präsident und Kongress im außenpolitischen Entscheidungsprozess*, S.420

Interessengruppen, die Einfluss zu gewinnen versuchen, geprägt.[198] Der Kongress hat auf die Formulierung der Außenpolitik mit dem Ende des Kalten Krieges an Einfluss zugenommen, dadurch hat er eine aktivere Rolle in der Außenpolitik angenommen und verlangt bei Entscheidungen konsultiert zu werden. Da traditionell seine Entscheidungen mehr auf innere politische Anforderungen und besondere Interessen ausgerichtet sind, haben jetzt gut organisierte Interessengruppen die Chance, Einfluss auf die Gestaltung der Außenpolitik zu nehmen und dadurch gewinnen auch lokale Erwägungen größere Bedeutung. Die Tendenz einer stärker „hausgemachten" Außenpolitik wurde durch die *„conservative revolution"*[199] im Kongress im Jahr 1994 bekräftigt. Dadurch war die Zahl derjenigen, die dem Multilateralismus und der internationalen Kooperation in Hinblick auf die militärische Stärke der USA näher standen, verringert worden. Die konservative Mehrheit hingegen plädierte eher für einseitige Lösungen. Dies führte zu einer Polarisierung der politischen Kräfte, die auch die Lähmung politischer Prozesse herbeiführen kann.[200] Das lässt für die Zukunft einen bedeutenden Einfluss der US-Innenpolitik auf die Gestaltung der Außenpolitik vermuten.

5. 4. 4. 2 Der Präsident: Der eingeschränkte Handlungsspielraum

Eine der Schlüsselbestimmungen des Gesetzes fordert den Präsidenten dazu auf, durch den Weltsicherheitsrat ein obligatorisches internationales Embargo gegen Kuba zu suchen.[201] Doch das Problem bestand von Anfang an darin, dass es kaum eine Chance des

---

[198] Kinka Gerke, *Unilateral Strains in Transatlantic Relations: US Sanctions against Those Who Trade with Cuba, Iran and Lybia, and their Effects on the World Trade Regime*, Peace Researsch Institute Frankfurt, PRIF-Report 47, 1997 S.1.
[199] Ebd., S.1.
[200] Gerhard Schweigler, *Außenpolitik der USA,* in: Willi Paul Adams/Peter Lösche (Hg.), *Länderbericht USA,* Bonn 1998, S.463.
[201] *„Cuban Liberty and Democratic Solidarity (Libertad) Act of 1996",* Title I, Sec.102.

Erfolges geben konnte, andere Länder zu einer einheitlichen Zusammenarbeit zu bringen, auch wenn es heute immer noch eine Übereinstimmung in dem Ziel eines friedlichen politischen Übergangs auf der Insel gibt: „*We and our allies agree on the vital need for a transition to democracy on the island, but differences over how to achieve that aim have often overshadowed the goal itself.*"[202] Anstatt durch das Embargo eine multilaterale gemeinsame Aktion voranzutreiben, führte es jedoch zu einer Selbstisolierung der USA im politischen Handeln gegenüber Kuba. Das Gesetz fordert auch die Exekutive auf, Maßnahmen zu ergreifen, um der Teilnahme Kubas an internationalen Finanzinstituten und seiner Wiederintegration in die Organisation Amerikanischer Staaten (OAS) entgegenzuwirken.[203]

Eine der negativsten Bestimmungen des „*Helms-Burton-Gesetzes*" betrifft nicht nur Kuba oder die US-Handelspartner, sondern den Handlungsspielraum des Präsidenten selbst, denn bevor das Gesetz erlassen worden war, waren die meisten Sanktionen gegen die Insel von der Exekutive der Vereinigten Staaten auferlegt worden. Das heißt, die Bestimmungen waren das Resultat von Exekutivverordnungen, die vom Präsidenten erlassen, modifiziert, bestätigt oder entfernt werden konnten. Das gab ihm die uneingeschränkte Vollmacht, die Beziehungen zu Kuba zu gestalten und zu führen. Er hatte die volle Autorität, Abschnitte des Gesetzes aufzuheben und sich Reaktionen auf konstruktive Schritte der kubanischen Regierung auszudenken, ohne eine Kongressbilligung suchen zu müssen. Diese Möglichkeiten sind seit der Einführung des Gesetzes nicht mehr gegeben. Die Exekutivverordnungen können seitdem nur vom

---

[202] Clinton 1997 bei einer Überprüfung des Title III des Helms-Burton-Gesetzes, nach: William J. Clinton; "*Support for Democratic Transition in Cuba*", in: www.usaid.gov/countries/cu/english.htm, Public Papers of the Presidents, US Government Printing Office, Vol. 1, Text 2, 3.Januar 1997, S.1.

[203] "*Cuban Liberty and Democratic Solidarity (Libertad) Act of 1996*", Title I Sec. 101, §2.

Kongress modifiziert oder durch ein Gesetz entfernt werden und er selbst bestimmt die Bedingungen, unter denen mögliche Veränderungen vorgenommen werden können.[204] Die im „Helms-Burton-Gesetz" implizierten Bestimmungen sind somit auf unbestimmte Zeit unmodifizierbar, bis der Kongress entscheidet, sie zu verändern oder aufzuheben. Folglich hat der Präsident durch das Gesetz einen Teil seiner Autorität widerstandslos aufgegeben und kann nicht ohne den Kongress eine eigene Politik gegenüber Kuba formulieren. Das hat selbstverständlich – weit über die US-amerikanisch-kubanischen Beziehungen hinaus – Schwierigkeiten mit sich gebracht und schwächte nicht nur Bill Clinton in seiner Konzipierung der Beziehungen zur Insel, sondern bestimmte auch die Richtlinien der Kubapolitik des neuen Präsidenten Bush. Die Geradlinigkeit in der Kubapolitik lässt sich auch in der Kontinuität der US-Haltung erkennen, als das „Torricelli-Gesetz" verabschiedet und von Clinton angewandt wurde: „(...) the concept of the Cuba Democracy Act, which passed before I became President. The Democratic Congress passed it; President George Bush signed it; I supported it strongly, and I used it."[205] Zusammenfassend lässt sich sagen, dass durch die Einschränkung der Handlungsfähigkeit des Präsidenten bezüglich der Kubafrage ein Präzedenzfall in der Geschichte der Vereinigten Staaten gesetzt wurde.

---

[204] Ebd., Title II.
[205] Clinton 1998 bei einem Interview nach: " *Remarks and a Question-and-Answer Session at a Democratic National Committee Dinner in New York*, in: http://usinfo.state.gov/pdq/pdq.htm, Public Papers of the Presidents, US Government Printing Office, via GPO Access, Text 12, Vol.1, 8.Januar 1998, S.7.

6. Die Konzeption der US-Kubapolitik nach dem Zusammenbruch der Sowjetunion

6.1 Der politische Referenzrahmen

Die US-amerikanische Kubapolitik besteht also aus alten historischen und neuen prozessverändernden politischen Elementen, die auf Grund der gewonnenen Machtstellung und des flexibleren Spielraumes im internationalen Kontext kombiniert und angewendet werden. Es ist bei der Betrachtung und Analyse dieser Entwicklung von Relevanz, wie die US-amerikanische Strategie gegenüber Kuba in der heutigen weltpolitischen Konstellation entworfen wird und welche Rolle die grundsätzliche Gestaltung ihrer Innenpolitik in den interamerikanischen Beziehungen spielt. Mit dem Ende des Kalten Krieges und der darauf folgenden Krise des Realismus[206] in der internationalen Politik, die eng mit der „Contain"-Politik Reagans verbunden war, profilierten sich schnell die Themen der Demokratie und der Menschenrechte in der US-außenpolitischen Konstruktion als wichtige Konzepte – wenn nicht als die wichtigsten – und als rhetorische Legitimierung in der internationalen politischen Debatte. Diese Konzepte entwickelten sich zu einer Bedingung, um konkrete US-amerikanische Politik in Lateinamerika durchführen zu können.[207] Um eine neue Diplomatie in der US-amerikanischen politischen Konzeption gegenüber Kuba entstehen zu lassen, müsste der Referenzrahmen, der in der Konfrontationszeit der zwei Supermächte entstanden war, durch eine Referenz auf der Basis einer traditionellen Diplomatie ersetzt werden, so wie es mit den ehemali-

---

[206] Czempiel sieht in der angewandten Außenpolitik nach dem Zusammenbruch der Sowjetunion eine Entwicklung, die in die Realismusfalle führt, weil Systemzustände des Kalten Krieges durch diese Handlung restauriert werden. Siehe Czempiel, *Friedensstrategien*, S.8.

[207] Vgl. Haroldo Dilla Alfonso, *La democrazia en Cuba y el diferendo con los Estados Unidos,* Centro de Estudios sobre America, La Habana 1995, S.47.

gen Ostblockstaaten der Fall war. Es gibt Politiker in Washington, die erkannt haben, dass eine Destabilisierungspolitik, eine wirtschaftliche Blockade oder eine Intervention nicht mehr dem ursprünglichen US-amerikanischen Interesse in der Region dienen und die gesuchten Ziele auf Kuba in den letzten 40 Jahren nicht erreicht wurden. So der Senator Dole bei einer Debatte über die Kubapolitik in Hartford: „*In my view, the policy has failed.*"[208] Experten sehen an sich keine direkte Diplomatie, sondern eher eine Politik, die von strategischen kubanischen Gruppen in Florida stark beeinflusst wird, die daraus wiederum eine innenpolitische Angelegenheit machen.[209]

6. 2 Die Förderung und Forderung der Demokratie

Nach dem Ende des Kalten Krieges ergibt sich in der US-amerikanischen Außenpolitik eine Wende in ihrer Formulierung. Die Schwerpunkte dieser Ausrichtung werden seit den 90er Jahren in der Förderung der Demokratie und der Öffnung zu freien Märkten festgelegt. Diese Förderung lässt sich einfacher durch die Fähigkeit der USA, weltweit eine militärische Stärke behaupten zu können, durchsetzen. Der aus dem Ende des Kalten Krieges gewonnene Spielraum erlaubt ihnen, in diesem Zusammenhang das Instrumentarium der Stärke anzuwenden. Beobachter wollen in der neuen Gestaltung der US-amerikanischen Politik eine „Verkleidung" der früheren Politik sehen, mit der sie den klassischen Interventionismus der 80er Jahre weiterführen.[210]

Die Förderung und Forderung der Demokratie ist eine der drei wichtigsten Säulen der US-amerikanischen Außenpolitik der 90er Jahre, zusammen mit der Entwicklung der freien Marktwirtschaft und der Beibehaltung der militärischen Überlegenheit. Bei einer strengen Definition des Demokratiebegriffes wird Demokratie oft nicht als der

---

[208] Bob Dole, zitiert nach: *"Presidential Debate in Hartford",* S. 1767.
[209] Smith, *The U.S.-Cuba Imbroglio: Anatomy of a Crisis,* S.3-6.
[210] Dilla, *La democracia en Cuba y el diferendo con los Estados Unidos,* S.10.

Wille des Volkes betrachtet, sondern als eine politische Methode für die Machtverteilung, die auf freien Wahlen basiert, um das Zusammenspiel zwischen Regierung und Opposition zu erlauben.[211] Um die Demokratie zu fördern, definieren die USA zwei politische Interventionsprogramme. Langfristig gesehen beinhaltet eines dieser Programme die Unterstützung einer politisch-demokratischen Entwicklung, um einen Übergang bzw. Regimewechsel in die Wege zu leiten. Die politischen Entwicklungsprogramme zielen auf eine Stabilisierung und Konsolidierung von Regierungssystemen, die besonders in den als demokratisch geltenden Gesellschaften wie Lateinamerika und den früheren Ostblockstaaten angewendet werden. Im zweiten Fall der politisch-strategischen Interventionen werden zuerst zwei Übergangstypen identifiziert, zum einen die rechtsgerichteten und zivil-elitären Regime und zum anderen die sozialistischen, nationalistischen oder populären, die in der politischen Konzeption von dem der USA stark abweichen.[212] Unter dem zweitgenannten Übergangstyp kann man Kuba einordnen. Auf Grund des großen politischen Einflusses der USA konnte sich die lateinamerikanische Erwartung im Rahmen der Globalisierung, Kuba in die Weltwirtschaft zu integrieren und die Demokratie im Lande voranzutreiben, nicht erfüllen. Die Demokratie wurde dennoch zu einer der wichtigen außenpolitischen Zielsetzungen der Clinton-Administration erklärt, wie der Präsident bei der Unterzeichnung des „Support for Democracy Transition in Cuba" bekräftigte: *„The promotion of democracy abroad is one of the primary foreign policy objectives of my Administration. These efforts reflect our ideals and reinforce our interests preserving American´s security and enhancing our prosperity."*[213] Die USA manifestieren ihr Interesse an einem saube-

---

[211] Samuel P. Huntington: *The Third Wave*, University of Oklahoma Press, London, 1993, S.9f.
[212] Arvoleya, *La Cotrarevolución Cubana*, S.270f.
[213] William J. Clinton, *"Support for Democratic Transition in Cuba"*, in: www.usaid.gov/countries/cu/english.htm, The United States Agency for International Development, 28. Januar 1997, S.1.

ren Demokratisierungsprozess und nicht so sehr an den Resultaten desselben. Man darf hier an den Demokratisierungsprozess in Nicaragua im Jahr 1984 erinnern, bei dem die Wahlen rechtlich korrekt und frei durchgeführt wurden und bei dem die Sandinisten als Sieger hervorgegangen sind. Es wäre suggerierend, die Frage aufwerfen zu wollen, wie die Reaktion der USA sein würde, wenn auf Kuba rechtlich freie Wahlen im heutigen Sinne stattfinden würden, bei der dann eine kommunistische Partei als Sieger hervorginge. Der wichtigste Faktor bleibt aber die Bedingung der Erfüllung der Demokratie für eine Normalisierung der Beziehungen zu Kuba, denn dieser wird auch als historische Aufgabe der USA angesehen. *„In our time, democracy has swept the globe, from the Philippines (...) to Central and Eastern Europe, to South Africa, to Haiti, to all but one nation in our hemisphere. I will do everything in my power to see that this historic tide reaches the shores of Cuba"*,[214] so Clinton. In der aktuellen Situation, in der die USA als Sieger der bipolaren Konfrontation hervorgegangen sind, glauben die Vereinigten Staaten, die moralischen Argumente und die Pflicht in der Hand zu haben, um gerade jetzt ihre machtpolitische Stabilisierung auf dem amerikanischen Kontinent endgültig zu konsolidieren: *„Our greatest export is freedom, and we have a moral obligation to champion it throughout the world (...)."* Bush Jr. weiter: *„It is in our national strategic interests to have a peaceful hemisphere in which trade can flow freely."*[215] Auf dem amerikanischen Kontinent stellt Kuba ein Land dar, das den Sozialismus nach dem Fall der Mauer weiter proklamiert und als einziges mit dieser politischen Ausrichtung in der westlichen Hemisphäre existiert. Diese Tatsache führt dazu, dass es eine Menge an theoretischem Material gibt, das die Ereignisse und Transformationsprozesse auf der Insel in den letzten Jahren zu erklären ver-

---

[214] Clinton bei der Ankündigung der Sanktionen, nach: Clinton, *"Remarks Announcing Sanctions Against Cuba Following the Downing of American Civilian Aircraft"*, S. 339.
[215] George W. Bush, *"George W. Bush on Foreign Policy: A charge to Keep"*, in: www.peako.com, 12.09.1999, S.240.

sucht.[216] Die Übergangsprozesse beinhalten normalerweise eine Interaktion von Akteuren oder Institutionen, die sich über dem Regime und der Opposition befinden und einen Konsens über den Weg zur demokratischen Transformation anstreben.[217] Eine der Interpretationen für diese Transformation beruft sich auf das Verständnis einer Demokratie, die vor allem nach sozialen Werten ausgerichtet ist und nach einem Ziel von allgemeinem Wohlergehen und Gleichheit strebt, im Gegensatz zu dem Verständnis der heutigen Zeit, bei dem die individuellen Freiheiten und die Existenz eines pluralistischen Wahlsystems im Vordergrund stehen.[218] Der demokratische Charakter im Sozialismus strebt nach einer sozialen Autosuggestion, die nach einer gesellschaftlichen Gerechtigkeit ausgerichtet ist. Damit erlaubt der Sozialismus die repräsentative Demokratie, er reduziert sie jedoch nicht auf eine repräsentative Demokratie, wie Sánchez Vázquez in einer Analyse zu diesem Thema feststellt. *„El carácter democrático del socialismo estriba en su naturaleza como sistema de autogestión social. El socialismo admite la democracia representativa pero no reduce a ella la democracia."*[219] Diese Demokratieauffassung wird von der kubanischen Führung übernommen. Das aus heutiger Sicht allgemeine Demokratieverständnis wird von der kubanischen Regierung hinterfragt, wie es Kubas Staatsratsvizepräsident und Castros Stellvertreter Carlos Lage Dávila auf die Frage nach dem Mangel an Demokratie formuliert: *„Wir haben ein anderes politisches System.*

---

[216] Cañizales, *Cuba diez años de Transformaciones*, S.21.
[217] Ebd., S.22.
[218] Ebd., S.28.
[219] Übers.: „Der demokratische Charakter des Sozialismus strebt in seiner Natur nach einem autosuggestiven sozialen System. Der Sozialismus erlaubt die repräsentative Demokratie, reduziert jedoch nicht die Demokratie auf dieselbe" Adolfo Sánchez Vázquez, *Once Tesis sobre socialismo y democracia*, in: *Cuadernos Políticos*, México 1987, S.83.

Die große Frage ist nun, ob die Demokratie es gestattet, verschiedene Systeme zuzulassen."[220]

6. 3 Die Menschenrechte

Die Intervention eines oder mehrerer Staaten, um Menschenrechtsziele zu erzwingen, zeigt eine lange Tradition. Einzelfallanalysen lassen erkennen, dass solche Interventionen nicht nur diese Ziele verfolgen, sondern meist auch machtpolitischen Interessen dienen. Hinzu kommt, dass die Interventionen ein hohes Maß an Willkür aufweisen und mehr dem politischen Opportunitätsprinzip unterliegen als einer konsequenten Menschenrechtspolitik.[221] Eine weitere Strategie der USA ist, die Frage der Menschenrechte auf Kuba zu thematisieren. Die aktuelle kubanische Situation soll damit einen internationalen Charakter erreichen, um durch die Verurteilung der UN-Kommission für Menschenrechte andere Akteure in den bilateralen Beziehungen zu Kuba zu beeinflussen und mit einzubeziehen. Denn die Frage der Menschenrechte wird in der Formulierung des *„Helms-Burton-Gesetzes"* vom US-Kongress als eine Bedrohung für den Frieden angesehen: *„The acts of the Castro government, (...) are a threat to international peace."*[222] In der Frage der Menschenrechte gab es auf Kuba in den Jahren 1987-88 eine diskrete Entwicklung, wie die Freilassung eines großen Teils politischer Gefangener und den Zugang internationaler Organisationen wie z. B. des Roten Kreuzes, um den Zustand und die Bedingungen der kubanischen Gefängnisse zu inspizieren. Die Religionsfreiheit, die heute normal ist, fand ihre Initiative ebenso in jenen Jahren der Reformen. Anstatt einer Verbesserung entwickelte die USA eine Politik des

---

[220] Carlos Lage Dávila bei einem Spiegel-Interview: *„Wir bleiben Sozialisten"*, in: Der Spiegel, *13(2000)*, S. 188.

[221] Reimund Seidelmann, *Frieden, Freiheit und Gerechtigkeit: Normative Postulate der Internationalen Beziehungen, in:* Manfred Knapp / Gert Krell (Hg.), *Einführung in die Internationale Politik,* München 1991, S.39.

[222] *„Cuban Liberty and Democratic Solidarity (Libertad) Act of 1996,* Title I, Sec.101, §1.

Drucks, die bis heute gehalten wird. Dieser kubanische Schritt, der als Zeichen einer Bereitschaft der kubanischen Regierung, Veränderungen und Reformen einzuführen, interpretiert werden kann, wurde von Seiten der USA nicht ernst genommen. Er wurde nicht als eine Möglichkeit für die Verbesserung der Beziehungen, sondern eher als Schwäche der kubanischen Führung wahrgenommen. Diese politische Konstellation innerhalb der sich in Reform befindlichen kubanischen gesellschaftlichen Strukturen lieferte die Argumente, um eine härtere strategische Politik zu betreiben, die einen endgültigen und grundlegenden Wechsel auf der Insel herbeiführen sollte. Die USA bestand darauf, dass nur ein Kuba ohne Castro die Möglichkeit eröffnen würde, um die Beziehungen beider Länder zu verbessern.[223] Diese US-amerikanische Politik verursachte Skepsis, Enttäuschung und Misstrauen in der kubanischen Führung. Die kubanische Regierung ging davon aus, wenn sie Bedingungen zufriedenstellend erfüllen, würde die USA die Spielregeln ändern und neue formulieren. Man darf hier die Frage aufwerfen, ob die Erfüllung der genannten Bedingungen in einem spezifischen historischen Kontext vor der Wende zu einer Verbesserung der Beziehungen geführt hätte. Diese Frage wäre unter der Berücksichtigung der damaligen international politischen Konstellation des Kräftemessens und der weiteren Sicherung des Einflusses in der westlichen Hemisphäre vorsichtig mit wahrscheinlich zu beantworten.

6. 4 Der freie Handel

Im internationalen Kontext ist die Einbeziehung Kubas in die Entstehung eines historisch transnationalen Blocks, bei dessen Gestaltung die USA eine maßgebende Rolle spielt, von Relevanz. Die Homogenisierung in den politischen, ökonomischen und sogar kulturellen Strukturen des lateinamerikanischen Kontinents ist ein wichtiger Faktor der Hegemonialpolitik der Vereinigten Staaten Amerikas. Die Anstrengungen Kubas, sich in den kapitalistischen Markt einzufü-

---

[223] Youngers, *U.S. Policy in Latin America and the Caribbean*, S.160.

gen, werden mit den Bemühungen der USA, diese Integration und die Erholung der kubanischen Wirtschaft zu verhindern, konfrontiert. Die soziale Instabilität und die kubanische Unzufriedenheit über die dadurch entstehenden Verhältnisse sollen mit der genannten US-amerikanischen Hilfe und Unterstützung einen Kanal finden, um diese Elemente politisch umzusetzen. Paradoxerweise sehen kubanische Experten in der heutigen Entwicklung eine Erweiterung der wirtschaftlichen Möglichkeiten auf Kuba, die es unter anderen historischen Bedingungen und unter dem direkten Einfluss der USA nicht gehabt hätte.[224] Dies äußert sich in den größeren Investitionsmöglichkeiten europäischer und lateinamerikanischer Firmen, ohne die Präsenz eines mächtigen Konkurrenten zu haben. Noch ein Punkt, der hier erwähnt werden soll, ist die Forderung der USA an Kuba, privates Kapital auf der Insel zuzulassen. Seit 1982 existiert auf Kuba ein Gesetz, das ausländische Investitionen erlaubt, auch wenn solche Investitionen erst Anfang der 90er Jahre mit mehr Dynamik evident wurden. Der Mangel an Ressourcen und die Auflösung des sowjetischen Blocks, die das Ende der finanziellen Unterstützung mit sich brachte, zwang Kuba dazu, seine letzte Karte zu spielen, indem es die Wirtschaft weiter öffnete. In der Verfassung mussten Änderungen vorgenommen werden, um den Kapitalzufluss aus dem Ausland zu fördern. Dadurch wurde praktisch das vereinfacht, was jahrelang bekämpft worden war und es entstanden neue Kapitalassoziationen mit ausländischen Firmen. Abgesehen von den Bereichen der Verteidigung, Bildung und dem Gesundheitswesen sind alle anderen Bereiche der kubanischen Wirtschaft den ausländischen Investitionen geöffnet.[225] Die marktwirtschaftlichen Neuerungen, die Anfang der 90er Jahre auf Kuba vorgenommen wurden, nahmen die US-Regierung nicht als Chance wahr, um den Übergangsprozess gradual zu unterstützen. Diese Reformmaßnahmen,

---

[224] Siehe hier eine offene Debatte kubanischer Experten über die Auswirkungen und Perspektiven des US-amerikanischen Embargos. Esteban Morales Domínguez zitiert in: *"El conflicto Cuba-EE.-UU."*, S.121.
[225] Cañizales, *Cuba diez años de transformaciónes*, S.40.

die eine Veränderung mit sich trugen, wurden von den USA ignoriert und es wurde nicht der Versuch gestartet, neue Alternativen zu suchen und wenn sie gesucht wurden, konnten keine gefunden werden. Clinton dazu: „*I have worked over the last 5 years in a number of different ways to explore other alternatives in dealing with this issue, and I wouldn't shut the door on any other alternative.*"[226] Auf Grund der geographischen Situation und des Konflikts mit den USA verlor Kuba seinen naturellen Markt. Kuba gehört zu keiner multilateralen Finanzinstitution, wie beispielsweise zu der Weltbank, zum IWF oder zur Interamerikanischen Bank für Entwicklung. Diese Isolierung wird durch den Druck der USA mit dem „*Torricelli*"- und dem „*Helms-Burton-Gesetz*" noch verstärkt, indem sie gegen eine Mitgliedschaft Kubas in internationalen Finanzorganisationen opponieren.[227] Trotzdem haben sie nicht die Anwesenheit von externen, nicht sozialistischen Ressourcen mit einer starken Finanzierung im Tourismussektor, die besonders in den 90er Jahren zu Stande kam, verhindern können. Die Länder, die sich auf Kuba besonders engagiert haben, sind Spanien, Kanada, Italien, Mexiko, Frankreich und die Niederlande, außerdem hat Kuba mit 45 Ländern bilaterale Abkommen für den Schutz ausländischer Investitionen vereinbart.[228] Diese ökonomischen Veränderungen führen nicht automatisch zu einer politischen Erneuerung innerhalb der kubanischen Institutionen. Die politische Behörde Kubas insistiert seit Anfang der 90er Jahre, dass eine wirtschaftliche Transformation nicht eine politische voraussetzt. „*La apertura económica cubana ha demostrado, a escala parcial, que es posible la transición de una estructura económica a otra preservando las bases sociales del poder político,*

---

[226] Clinton 1998 bei einem Interview, „Interview with Jim Lehrer of the PBS News Hour", in: http://usinfo.state.gov/pdq/pdq.htm, Public Papers of the Presidents, U.S. Government Printing Office, via GPO Access, Text 47, Vol.1, 21. Januar 1998, S.90.

[227] "*Cuban Liberty and Democratic Solidarity (Libertad) Act of 1996*", Tittle I Sec. 104 §1.

[228] CEPAL, Comisión Económica de América Latina y el Caribe, 1999-2000, S.200.

*no existen indicios significativos en la experiencia de apertura que nieguen la posibilidad de que esto succeda en una reforma económica general."*²²⁹ Die zweite große Änderung nach der Wende in Europa brachte die wirtschaftliche Intensivierung der internationalen ökonomischen Konkurrenz in den dominierenden Kapitalzentren mit sich. Die hoch industrialisierten Länder versuchen heute noch eine wirtschaftlich regionale Hegemonie zu konsolidieren: das ist in Europa bei Deutschland der Fall, in Asien bei Japan und in Amerika bei den USA. Die Position der Weltmacht USA wird somit neu definiert.²³⁰ Während Kuba in Lateinamerika für sich eine Integration beabsichtigt, bestehen die USA darauf, Kuba aus der interamerikanischen Gemeinschaft auszuschließen. Trotz dieser Haltung führt die internationale Konkurrenz dazu, dass sich für Kuba neue wirtschaftliche Möglichkeiten öffnen, denn die europäischen und asiatischen Länder beteiligen sich nicht an der Isolierung Kubas. Die politische Strategie der USA in den 90er Jahren zeichnete sich durch die sich gegenseitig bedingende Verbindung einer Förderung der *„Liberalisierung des Marktes"* und der *„Demokratie"* ab.²³¹ Unter der von den USA geforderten ökonomisch-internationalen Liberalisierung ist zu verstehen, dass nur eine Ausdehnung des freien Handels durch demokratische Strukturen auf Grund von deren Reziprozität begünstigt wird. Dieses Argument blendet jedoch vor allem aus, dass die Entstehung vieler freier Märkte in Lateinamerika gerade durch militärische Diktaturen in den 70er Jahren ermöglicht

---

[229] Übers.: „Die wirtschaftliche Öffnung Kubas hat langsam gezeigt, dass ein Übergang von einer wirtschaftlichen Struktur zu einer anderen mit der Beibehaltung der sozialen Basis und der politischen Macht möglich ist. Es gibt in der Erfahrung der Öffnung keine signifikanten Indizien, dass eine solche ökonomische Reform nicht möglich sei". Pedro Monreal/ Manuel Rua, *Hacia una transición: apertura y reforma de la economía*, in: Cuba: apertura y reforma, Caracas 1995, S.166.

[230] Ernst-Otto Czempiel, *Grundzüge der amerikanischen Außenpolitik nach 1945*, in: JÄGER /WELZ (Hg.), *Regierungssystem der USA*, S. 359.

[231] Georg W. Bush, *"China y Rusia: Potencias en Transición"*, in: http://usinfo.state.gov/journals/itps/0900/ijps/pj52bush.htm, Department of State, IIP, U.S. Foreign Policy Agenda /Spanish), September 2000, S.1.

wurde. Die Methoden der Regime in Lateinamerika, um ihre politische Macht und dessen sozioökonomischen Strategien auszuüben, standen an zweiter Stelle. Nur die freie Wahl der Parteien bestimmte, ob eine Regierung Unterstützung oder Opposition von den USA erfahren sollte.[232] Mit der Formel „Demokratie und freier Markt" sind die Regeln für die Übergangsphase in Ländern mit einem Einparteiensystem etabliert worden. Washington bemüht sich, eine globale Demokratisierung zu verbreiten und zu unterstützen und sieht dieses Instrumentarium als wirkungsvolles Mittel, um Marktschranken zu durchbrechen.

Gemäß der Neuformierung der internationalen Gemeinschaft befand sich Kuba nicht mehr im Kontext des Ost-West-Konflikts und konnte in der Konzipierung der US-amerikanischen Kubapolitik nicht mehr als Vorposten der Sowjetunion in der westlichen Hemisphäre betrachtet werden. Doch währenddessen durch die US-Anstrengungen auf der einen Seite die Demokratisierungsprozesse, um den Zugang zu den Märkten zu garantieren und zu vereinfachen, gefördert wurden, versuchten paradoxerweise auf der anderen Seite die lateinamerikanischen Regierungen, die diplomatischen und wirtschaftlichen Beziehungen zu Kuba wiederaufzunehmen. Somit wurden die Bemühungen Clintons, die Insel im interamerikanischen System zu isolieren, geschwächt.

Es gibt einen Aspekt im globalen Kontext, der einen Widerspruch in der Politik der USA gegenüber Kuba deutlich werden lässt. Dies ist der freie Handel. Auch wenn nach der Erfahrung mit den Ländern in Osteuropa Wirtschaftsbeziehungen als eine hemmende Kraft gegenüber der Ausweitung von Konflikten und als stabilisierendes Bindeglied zwischen den Konfliktmächten dienten, haben die USA diese Erfahrung nicht ausgenutzt, um wirtschaftliche Beziehungen

---

[232] Leo Gabriel, *Die globale Vereinnahmung und der Widerstand Lateinamerikas gegen den Neoliberalismus*, S.7.

mit Kuba aufzunehmen.[233] Seit den 90er Jahren hängt eine große Zahl US-amerikanischer Firmen besonders von den ausländischen Absatzmärkten ab. Diese Tendenz erkannten die USA und übernahmen nach dem Kalten Krieg im globalen System die Führerschaft, um neue Absatzmärkte und Investitionsmöglichkeiten zu finden. Ihr wichtigstes ideologisches Instrumentarium war die Doktrin des freien Handels. Die heutigen Ergebnisse werden als Resultat der langjährigen Bemühung, die ökonomische Präsenz zu expandieren, interpretiert: *„We have worked hard to expand America's economic presence around the world with the biggest increase in trade, with the largest number of new trade agreements in history",*[234] so Clinton. Die Vereinigten Staaten verteidigten und bekräftigten in allen globalen und regionalen Foren, dass die freie Marktwirtschaft die Grundlage ihrer internationalen Wirtschaftspolitik sei, sowie die Durchsetzung von Frieden, Sicherheit und Wohlstand. *„ I have worked to support our country as the world´s strongest force for peace and freedom, prosperity and security",*[235] so Clinton weiter. Dieser Doktrin des freien Handels steht jedoch eine auf die Beschränkung der Wirtschaftspraktiken des Weißen Hauses und des Kongresses basierende Politik gegenüber, die die Wirtschaftsbeziehungen Kubas mit dem Rest der Welt zu begrenzen versucht. Die USA-Kritiker können hier eine Politik erkennen, die sich ausschließlich mit den politischen Interessen der USA verknüpft. Interne politische Faktoren, unter anderem die Bemühung um eine Sicherung der kubanischen Wählerstimmen in Florida tragen dazu bei, dass die US-amerikanische Politik des „antifreien Handels" mit Kuba weiter besteht. Washington versucht in diesem Kontext, die wirtschaftlichen Beziehungen Kubas mit anderen westlichen Konkurrenzländern zu begrenzen und zu beeinflussen. Auch wenn die USA von der internationalen Gemeinschaft für ihre Politik keine Zustim-

---

[233] Peter Knirsch, *Bilanz der Wirtschaftsbeziehungen*, in: Reinhard Rode / Hanns-D. Jacobsen (Hg.), *Wirtschaftskrieg oder Entspannung. Eine politische Bilanz der Ost-West-Wirtschaftsbeziehungen*, Bonn 1984, S.107ff.
[234] *"Presidential Debatte in Hartford"*, S.1765.
[235] Ebd., S.1765.

mung erfahren, hoffen sie langfristig auf die Kooperation anderer Länder, um die eigene Politik gegen Kuba zu unterstützen. „(...) *The United States needs help from other countries. Nobody in the world agrees with our policy on Cuba now. But this law can be used as leverage to get other countries to help us to move Cuba to democracy.*"[236] Zudem versuchen die USA ihre Subventionspolitik für eigene Unternehmen mit Sitz im Ausland auszudehnen. Trotzdem hat diese Politik eines ihrer Ziele, nämlich die wichtigsten Handelspartner zu beeinflussen, nicht erreicht.

---

[236] Ebd., S.1767.

7. Perspektiven der Beziehungen zwischen den USA und Kuba

7. 1 Das Inkompatibilitätsprinzip

7. 1. 1 Die beibehaltene traditionelle politische Linie der Homogenisierung auf dem amerikanischen Kontinent

Bei der Betrachtung der interamerikanischen Beziehungen und gemäß den US-amerikanischen Interessen in der Region stellt Kuba im regionalen Kontext einen Inkompatibilitätsfaktor dar. Das heißt, die Insel ist mit dem Hegemonieanspruch der Supermacht in der Region ein unvereinbarender Störfaktor. Dies ist, ganz nach der Rhetorik seines Parteigenossen Reagan, in der politischen Sprache des neu gewählten Präsidenten Bush zu vernehmen, für welchen das „Böse" des Kalten Krieges laut seiner Formulierung immer noch fortbesteht: *„Incluso en esta época de orgullo y optimismo, Estados Unidos tiene enemigos resueltos que odian nuestros valores y resienten nuestro éxito (...) El imperio se terminó, pero el mal queda."*[237]
Diese Linie US-amerikanischer Politik in der Region lässt sich historisch verfolgen und möglicherweise zukünftig weiter vermuten, denn die Skepsis gegenüber einer Änderung in der US-politischen Haltung, falls auf Kuba die von den USA geforderten Reformen eingeleitet werden würden, wird auch in La Habana geteilt: *„Aunque nosotros hicieramos un cambio en la política actual, tuviesemos una Embajada Americana en la Habana y commercio con los Estados Unidos, sería ingenuo el creer que las apelaciones de los Estados Unidos a la revolución cubana cabiaran, si cuba sigue como*

---

[237] Übers.: *"Sogar in dieser Zeit des Stolzes und Optimismus haben die USA entschiedene Feinde, die unsere Werte hassen und unseren Erfolg beneiden (...) Das Imperium ist zerbrochen, aber das Böse bleibt"*, Bush, „*China Y Rusia: Potencias en Transición*", S.1.

esta."[238] Das heißt, dieselben Faktoren des vergangenen Jahrhunderts bestimmen die Kriterien der USA für die Gestaltung der heutigen Kubapolitik. In der Wahrnehmung kubanischer Politiker lässt sich sogar die Befürchtung einer Wiederbelebung der Annexionswünsche der USA an Kuba erkennen und vermuten, so Dausá Céspedes: *„La cancillería cubana, afirma que los deseos anexionistas de Washington pueden renacer en cualquier momento."*[239]

Obwohl Kuba sich zwangsweise von dem Einfluss der Sowjetunion löste und auch schon Anfang der 90er Jahre Korrekturen und Reformen vorgenommen hatte, die aber keine flexiblere Haltung der USA, sondern eine weitere Bemühung der Isolierung Kubas hervorgerufen hatten, profilierte sich die US-amerikanische Konfrontation mit Kuba zu einer zweiten Periode des Kalten Krieges in der Karibik.[240] Die Chance, eine neue Politik gegenüber Kuba zu konzipieren, wurde nicht wahrgenommen. Es wurde wieder die alte auf Gewaltmittel stützende Macht- und Einflusspolitik restauriert.[241] Seit Ende des Zweiten Weltkrieges bestand die Außenpolitik der USA aus der Verbreitung der eigenen Vision eines Systems, das fast zum Dogma der US-Politik geworden und am besten mit den Worten von Präsident Harry Truman zu beschreiben ist: *„The whole world should adopt the American system. The American system could*

---

[238] Übers. : « *Auch wenn wir eine Veränderung in der aktuellen Politik, eine US-amerikanische Botschaft in La Habana und Handel mit den Vereinigten Staaten von Amerika hätten, wäre es naiv zu glauben, dass die grundsätzlichen Ansprüche der USA auf die kubanische Revolution sich ändern würden, wenn Kuba so bleibt wie es ist"*, nach Carlos Fernández de Cossío zitiert in: *„El Conflicto Cuba-EE.UU.,* S.127.

[239] Rafael Dausá Céspedes, Subdirektor der US-Vertretung in La Habana unter Clinton. Übers.: „Das kubanische Kanzleramt behauptet, dass die annexionistischen Wünsche der USA in jedem Moment wiederbelebt werden können". Zitiert nach Giuliano, in: *La transicíon cubana y el bloqueo norteamericano,* S.48.

[240] Schwab, *Cuba confronting the U.S. Embargo,* S.19.

[241] Czempiel, *Friedenstrategien,* S.7.

survive in America only if it became a world system."²⁴² Als Truman 1947 diese Worte äußerte, setzte er die Grundsteine für die Definition der US-Außenpolitik in den nächsten fünfzig Jahren. Damit schuf die Truman-Doktrin den Rahmen für eine Interventionspolitik der Vereinigten Staaten, die eine militärische, wirtschaftliche und finanzielle Unterstützung anderer Nationen im Kampf gegen die Verbreitung kommunistischer Kräfte beinhaltete. In der außenpolitischen Formulierung Bill Clintons lassen sich Parallelen zu dieser Definition der Truman-Regierung herleiten, wo die USA eine wichtige Rolle bei internationalen Entscheidungen übernehmen sollen, besonders wenn sie einen innenpolitischen Vorteil mit sich bringen. Die Tradition US-amerikanischer Politik wird auch in der Antrittsansprache von George W. Bush offensichtlich. In der Rhetorik des neuen US-amerikanischen Präsidenten wird eine Parallele zu dieser Strategie zum Ausdruck gebracht, denn die Freiheit soll „wie Sand im Wind, der in andere Länder getragen wird" exportiert und vom Staat gesichert werden, so wie er in diesem Zusammenhang formuliert: *„Wenn wir unsere Freiheit nicht verwirklichen, dann verwirklicht sie niemand."*²⁴³ Dies lässt auf Grund der Veränderungen in der politischen Weltkonstellation ein anachronistisches Verhalten in der Außenpolitik der USA erkennen.²⁴⁴ Das wesentliche Motiv der US-Politik in der Region war und bleibt die wirtschaftliche und politische Homogenisierung Lateinamerikas voranzutreiben, um alternative politische und wirtschaftliche Modelle, die nicht dem Trend folgen, zu sanktionieren. Dadurch soll eine bessere Zukunft für die Kubaner erreicht werden, so Clinton vor der kubanischen Gemeinde in den USA: *„Our commitment to a better future for the Cuban people remains as strong as ever. (...) Throughout our hemisphere, a powerful wave is bringing free markets. Thirty-four of the thirty-five*

---

²⁴² Harry Truman, zitiert nach Schwab, *Cuba Confronting the U.S. Embargo*, S.28.

²⁴³ George W. Bush bei der Antrittsansprache zur US-Präsidentschaft in der ZDF/ARD-Fernseh- Übertragung am 20. Januar 2001.

²⁴⁴ Czempiel, *Friedensstrategien*, S.8.

countries in this region have embraced democratic change. Only one nation resists this trend, Cuba."[245] Sowie für Clinton, als auch für Bush und Reagan vor ihm, gilt Kuba als das Haupthindernis, um das Ziel der demokratischen und wirtschaftlichen Homogenisierung zu erreichen. Die Wende in der US-amerikanischen Außenpolitik gegenüber Kuba nach dem Ende des Kalten Krieges bezieht sich grundsätzlich auf den Übergang zu Sicherheitspolitik und Förderung des internen Demokratisierungsprozesses auf Kuba. Es ist nachdrücklich zu betonen, dass die verfolgte Linie in der Außenpolitik der USA gegenüber Kuba, insbesondere nach 1959, die Wiedererlangung der historischen Dominanz in der ganzen Region, sowie die Neutralisierung der drohenden Ausdehnung des sowjetischen Einflusses auf dem amerikanischen Kontinent waren, denn die Konsolidierung der kubanischen Regierung nach 1962 stellte mit ihrer Revolution ein Beispiel und eine Leitlinie für andere Länder auf dem Kontinent dar. Nach dem Fall der Mauer war die Gefahr der sowjetischen Ausdehnung relativiert, doch das Ziel der Dominanz blieb gleich und veränderte sich auch nicht unter der Bush- und Clinton-Administration. Der bei den USA wahrgenommene Inkompatibilitätsfaktor lässt sich am besten durch die Worte von Clinton bekräftigen, welcher Kuba als eine Art „(...) blot on our neighborhood"[246] bezeichnet. Es ist zu erwarten, dass diese Linie in der US-Außenpolitik weiter verfolgt wird, um eine endgültige Stabilität in der Region zu sichern. Der Widerspruch der US-amerikanischen Politikgestaltung gegenüber Kuba Anfang der 90er Jahre bestand darin, dass der argumentative Ursprung der verhängten Sanktionen mit den Sorgen über die nationale Sicherheit und Stabilität der Region durch die Bedrohung des Kommunismus nicht mehr möglich war, wie Kennedy 1962 dieses System so gesehen hatte: *„Der Kommunismus ist der Prototyp einer den Menschen in Unfreiheit haltenden Weltanschauung. Konsequenterweise bedeutet dies, dass jedes*

---

[245] Clinton, *"Remarks to the Cuban-American Community"*, S.953.
[246] Clinton zitiert in: "*„Interview with Jim Lehrer of the PBS News Hour*", S.90.

kommunistische Land als potentieller Friedensstörer angesehen werden und somit als Bedrohung gelten muss."[247] Kuba stellte jedoch nicht nur wegen seiner Verbindung zum kommunistischen Block eine Gefahr dar, sondern auch wegen seiner Unterstützung von revolutionären Guerillas im Ausland. Die Grundlage, die diese Sanktionen bekräftigte, war nun nicht mehr da, paradoxerweise wurden sie dennoch stark verschärft. Diese Verschärfung wird jetzt mit der Frage der Menschenrechte in dem „*Torricelli*"- (2;3) sowie in dem „*Helms-Burton-Gesetz*" Title I. Sec. 101 begründet. „*Los EE.UU. cambiaron las reglas de juego, y si (Cuba) cumpliera sus actuales condiciones ellos pondrían nuevas (...) hasta que hubieran restablecido su hegemonía.*"[248]

7. 1. 2 Der qualitative Wechsel und die neue Realität der Beziehungen zwischen den USA und Kuba in der post-sowjetischen Ära

Die erste große Veränderung im internationalen Umfeld, die die Politik der USA gegenüber Kuba beeinflusst hatte, war die Auflösung der Sowjetunion. Das ließ die Washington-Experten im Glauben, dass nach dem „Dominoeffekt" Kuba das nächste Land wäre, dessen Regierung zusammenbrechen würde und der Beitrag der USA wäre hier gewesen, die wichtige Rolle zu übernehmen, den Sturz des Systems zu beschleunigen. Das Missverständnis bei dieser Handlung bestand darin, dass die historischen Unterschiede zwischen dem Ursprung und der Entwicklung der kubanischen Revolution und der Ostblockstaaten von Bush und Clinton ignoriert wurden, denn sie vertraten die gleichen Argumente für die politische

---

[247] Thomas Keller, *Das außenpolitische Erbe John F. Kennedys,* in: Hochschulschriften, Frankfurt am Main 1993, S.37.

[248] Isodoro Malmierca, ehemaliger Direktor vom Kanzleramt. Übers.: „*Die USA haben die Spielregeln verändert, und wenn Kuba die Bedingungen erfüllen würde, würden die USA neue stellen, bis die Hegemonie wiederhergestellt ist.*" Zitiert nach Giuliano, in: *La transición cubana y el bloqueo norteamericano,* S.51.

Legitimierung, einen Übergang auf Kuba einzuleiten. Washington ging davon aus, dass eine korrekte Mischung aus Verbot und ideologischem Kampf einen schnellen Sturz Castros herbeiführen würde. Dies bedeutete, dass eine Verschlechterung der wirtschaftlichen Lage im Lande zu einer gesellschaftlichen Unzufriedenheit führen würde, die mit der Unterstützung der USA einen politischen Ausdruck finden sollte.[249] Diese Wahrnehmung verstärkte sich durch den bevorstehenden Kollaps der kubanischen Wirtschaft Anfang der 90er Jahre, da diese vom Handel mit dem Ostblock abhängig gewesen war. Das war die Grundlage für die Politik des „Drängens", um die Transformation zu erzwingen. Während die USA die kubanische Revolution im postsowjetischen Kontext eingeordnet hatten und überzeugt waren, dass die Sanktionen die richtige Reaktion auf die Ereignisse der Zeit seien, bewegte sich La Habana in die entgegengesetzte Richtung, indem es die politischen Beziehungen zur kapitalistischen Welt im Norden wie im Süden mäßigte und einen möglichen Dialog mit Washington und den Exilkubanern förderte. Kuba beschleunigte zwangsweise eine graduale Veränderung auf der Suche nach Exportstrategien, die schon in der zweiten Hälfte der 80er Jahre angefangen hatte. Die bilaterale Beziehung verwandelte sich in ein dialektisches Problem, da die kubanischen Zugeständnisse wegen der Unnachgiebigkeit der USA nicht als pragmatische Entscheidungen in einer veränderten politischen Welt interpretiert wurden. Noch ein Aspekt der Veränderung im globalen Kontext, der sich auf die Beziehungen der USA zu Kuba ausgewirkt hat, war der Kraftverlust der Bewegung der Blockfreien Staaten. Diese Bewegung lässt sich als eine umfassende Emanzipationsbewegung von Ländern, die nicht nur Objekte, sondern Subjekte der internationalen Beziehungen sein wollen, einordnen.[250] Die Organisation dient als Forum für die Länder der Dritten Welt, die einigermaßen von den

---

[249] Erisman, *US-Cuban Relations: Moving Beyond the Cold War to the New International Order?*, S.59.
[250] Volker Matthies, *Blockfreiheit*, in: Dieter Nohlen / Andreas Boeckh (Hg.), *Lexikon der Politik*, Band 6, S.62.

zwei Großmächten im Kalten Krieg unabhängig gewesen waren und der kubanischen Revolution eine Unterstützungsquelle außerhalb der Reichweite des sowjetischen Einflusses verschafft hatten.[251] Die US-Regierungen zeigten sich gegenüber den Ländern feindselig, die sich der Bewegung angeschlossen hatten, mit Ausnahme derer, die die Beziehungen zur Sowjetunion abgebrochen hatten. Außerdem hatten die USA die Befürchtung, dass die bilateralen Süd-Süd-Beziehungen den Einfluss der Vereinigten Staaten in der Dritten Welt schwächen würden.[252] Heutzutage wird diese Bewegung immer mehr durch die bilateralen Nord-Süd-Verträge und Vereinbarungen ersetzt, damit stärkt sich die Haltung des Westens im Allgemeinen und die Position der USA im Besonderen. Die Lage dieser Organisation unter der heutigen weltpolitischen Konstellation erlaubt den USA, den Rahmen der politischen Diskussion mit Kuba zu fixieren und schafft damit günstigere Bedingungen, um die Handlungsfähigkeit Kubas zu beschränken. Damit wächst die Hegemonie der Vereinigten Staaten über die Länder der Dritten Welt und erweitert die Reichweite der neoliberalen Ideologie, indem die Nord-Süd-Beziehungen zu einem zentralen Teil der wirtschaftlichen politischen Entwicklungsstrategien verwandelt werden.[253]

Der Zusammenbruch des Sozialismus in Osteuropa verursachte einen qualitativen Wechsel in der Einschätzung und Betrachtung der Überlebensfähigkeit der kubanischen Revolution. Die contrarevolutionäre Euphorie[254] der *Cubano-Americanos* trug so zur Grundhal-

---

[251] *Los Paises no alineados*, Prensa Latina, Agencia de Prensa Orbis, Praga 1982, S.12ff.

[252] Ebd. 65f.

[253] Ein Beitrag über die wirtschaftliche Hegemonie der USA in Lateinamerika und die Perspektiven für die Zukunft befindet sich in: Nicola Phillips, *The Future of the Political Economy of Latin America*, in: Richard Stubbs / Geoffrey R.D. Underhill (Hg.), *Political Economy and the Changing Global Order*, Oxford 2000, S.284-291.

[254] Vgl. Stephen Sestanovich, *The Collapsing Partnership: Why the United States has no Russia Policy*, in: Robert J. Lieber, *Eagle Adrift: American Foreign Policy at the End of the Century*, New York 1997, S.163.

tung der US-amerikanischen Politik gegenüber Kuba bei. Es zeigt sich, dass die Schwierigkeit der Debatte, wie Veränderungen auf Kuba vorangetrieben werden sollen, nicht in den Zielen, sondern eher in den anzuwendenden Methoden wurzelt. Ein zentrales Element innerhalb dieser politischen Strategie ist die Fragestellung, ob das politische System Kubas im amerikanischen Kontinent und angesichts der neuen Weltordnung und Gestaltung überhaupt kompatibel ist. Gemeint ist eine Ordnung, die vor allem in der Bekräftigung der US-amerikanischen Bemühung um die Demokratisierung eine Basis findet. Auch wenn der Zusammenbruch des sowjetischen Blocks eine Realität darstellte, die die Verwundbarkeit der kubanischen Regierung sichtbar machte und von der Führung als Gefahr erkannt wurde, wurde der Ruf zur Einigkeit innerhalb der kubanischen Gesellschaft lauter. Dies traf mit den politischen Maßnahmen der US-amerikanischen Regierung gegen die Insel zusammen, denn Kuba wurde weiterhin im Bereich der US-amerikanischen Interessen gesehen, was wiederum die Argumente der Castro-Regierung, in der US-Kubapolitik eine Kontinuität der Homogenitätsansprüche zu erkennen, unterstützte, wie es der Außenminister Robaina bei der 53. Versammlung der UNO unterstrichen hat: *„La ley Helms Burton, con la que los Estados Unidos pretenden consagrar el hegemonismo, la extraterritorialidad y el unilateralismo como figuras del derecho internacional."*[255] In der Rhetorik der kubanischen Regierung wird das Interesse an Kuba als Tradition der USA seit ihrer Gründung gesehen. So Robaina weiter: *„Desde la propia fundación de los Estados Unidos surgió la idea de apoderarse de Cuba. Una larga lista de nombres, planes y legajos nos persiguen hace más de 200 anios: Franklin, Adams, Monroe, Platt, Torricelli, Helms, Burton (...) y nuevo administraciones transcurridas desde 1959 (...) a cuba*

---

[255] Roberto Robaina, kubanischer Außenminister, bei der 53. Versammlung der UNO in New York, Übers.: *„Mit dem Helms-Burton-Gesetz versuchen die USA, die Hegemonie, Extraterritorialität und den Unilateralismus als Figuren des internationalen Rechts zu konsolidieren"*, zitiert in: Roberto Robaina, *„Once millones de cubanos no imploran, sino exigen, de pie, el fin de esta guerra sucia"*, Granma Internacional, *14 (10/1998)*, S.1.

*la legislamos y la gobernamos los Cubanos."*²⁵⁶ Durch den Kollaps der kubanischen Regierung würde somit die US-amerikanische Hegemonie in der Region endgültig wieder hergestellt. Nach dem Ende des Kalten Krieges ergab sich für Kuba und auch für die USA im internationalen Umfeld eine neue weltpolitische Konstellation mit einem widersprüchlichen Nebeneffekt für die Beziehungen beider Länder; denn während die USA die Politik des wirtschaftlichen Drucks verstärkte, verließ Kuba allmählich und systematisch das, was die Strategen der amerikanischen Politik als Hindernis für die Verbesserung der bilateralen Beziehungen beschrieben hatten, nämlich die enge Bindung zum sowjetischen Block und das militärische Engagement Kubas in anderen Ländern. Dennoch haben keine der wichtigsten globalen und regionalen Veränderungen Anfang der 90er Jahre zu einer Milderung der feindseligen US-amerikanischen Politik gegenüber der kubanischen Regierung geführt. Das Gegenteil wird verfolgt, indem eine ideologische Konfrontation intensiviert wird, um die letzte wirtschaftliche Alternative in der Region durch die Einführung der liberalen Marktwirtschaft zu ersetzen.

7. 1. 3 Die Individualisierung des Konflikts im Rahmen geopolitischer und wirtschaftlicher Interessen

Interessen einer Nation in Bezug auf eine andere werden normalerweise als jene Bedingungen, Zustände oder Taten definiert, die zum Wohlergehen bzw. zur Sicherheit der ersten beitragen, wie es der frühere Beauftragte für die Interessen der Vereinigten Staaten auf Kuba, Wayne Smith, definiert: *„One nation´s interests with respect to another are usually defined as those conditions or acts which contribute to the well-being and/or security of the first. (...) US policy*

---

²⁵⁶ Übers.: *„Seit der Gründung der USA erschien die Idee, Kuba zu besetzen. Eine lange Liste von Namen, Plänen und Aktenbündeln verfolgt uns seit mehr als 200 Jahren: Franklin, Adams, Monroe, Platt, Torricelli, Helms, Burton (...) und neun vergangene Administrationen seit 1959. Die Gesetze Kubas und dessen Regierung werden von den Kubanern gemacht"*, Ebd., S.6.

toward other countries should be based on the advancement of those interests, whatever they happen to be."[257] Im Fall Kubas gilt diese Definition offenbar nicht. Fürsprecher der gegenwärtigen Politik behaupten eher, dass die Vereinigten Staaten ihr Embargo aufrechterhalten und ansonsten eine harte Linie gegenüber Kuba fortsetzen müssen, weil Castro keine freien Wahlen hält und Menschenrechte verletzt. Aber dies ist ein äußerst scheinbares Argument, denn ein offeneres System und größere Rücksicht auf Menschenrechte ist zwar in der Tat ein legitimes US-amerikanisches Interesse, aber hierfür wäre sicherlich besser mit internationalen Verpflichtungen gedient, als mit ununterbrochenen Bemühungen, Kuba unter Druck zu setzen und zu isolieren. Die besondere Haltung der USA hinsichtlich Kuba ist vor allem in der konträren Position der Vereinigten Staaten zu anderen Ländern wie China, Indonesien, Vietnam, Saudi-Arabien und einer ganzen Reihe anderer Staaten, die nicht „demokratischer" als Kuba sind, zu erkennen. Es ergibt sich so die grundlegende Frage, warum die USA diese Politik nicht überdenken. Wenn andere Faktoren bestehen, die eine Neugestaltung der Kubabeziehungen verhindern, gilt es zu untersuchen, wo die Substanz dieser Argumente ist und wieso Kuba aus der Liste von Ländern, mit denen sich die USA engagieren, ausgenommen wird. Dass die Vereinigten Staaten starke Interessen an jenen Ländern haben, ist in der Antwort des Subsekretärs des Handels, Stuart Eizenstat, unter der Clinton-Administration, auf die Frage, warum die USA mit China, aber nicht mit Kuba handeln, illustrativ: "I could give you a billion reasons."[258] China bietet in der Tat einen riesigen, fast unwiderstehlichen Markt, den Kuba nicht vorzuweisen hat. Dies lässt sich als ein zu berücksichtigender Aspekt interpretieren, er ist allerdings gewiss nicht die einzige Erklärung für eine Begründung der US-Haltung in den 90er Jahren gegenüber Kuba. Dennoch haben die Vereinigten Staaten Interessen auf Kuba, die nicht ignoriert

---

[257] Wayne S. Smith, *Wanted: A Logical Cuba Policy*, Center for International Policy, Washington 1998, S.2.
[258] Stuart Eizenstat, zit. nach, Ebd., S.2.

werden sollten und eines davon ist auch, den massiven Flüchtlingsstrom aus Kuba zu verhindern.[259]

Während des größten Teils des Kalten Krieges und besonders nach der Raketenkrise 1962 hatten die US-amerikanischen Interessen hinsichtlich Kuba hauptsächlich Sicherheitscharakter. Von höchster Priorität war in erster Linie das Verhindern einer Neustationierung atomarer Waffen in der Region von Seiten der Sowjetunion. Mit dem Ende des Kalten Krieges hat Kuba jedoch aufgehört, jegliche Bedrohung gegen US-amerikanische Sicherheit darzustellen. Die Sicherheitsinteressen sind dennoch durch die potentielle Einwanderungswelle in der Region teilweise neu definiert worden. Die Vereinigten Staaten wollen Ströme von unerlaubten Ausländern oder Flüchtlingen, ob aus Haiti, Kuba oder jedem anderen Staat, verhindern. Kuba repräsentiert das größte potentielle Problem, weil es die größte Insel in der Region ist und mit Ausnahme der Bahama-Inseln am nächsten liegt. Die Vereinigten Staaten hatten Mühe, 1965 den *„Camarioca Exodus"* aus Kuba, 1980 den *„Mariel sealift"* und im Sommer 1994 die Flut der *„Balseros"* abzuwenden.[260] Durch die im Jahr 1995 zwischen Kuba und den USA getroffene Flüchtlingsvereinbarung spiegelt sich offensichtlich wider, dass die USA keine Flüchtlinge mehr aus Kuba aufnehmen möchten. Demnach werden die von dem US-amerikanischen Küstenwachdienst auf hoher See überführten Kubaner in ihr Heimatland, oder gegebenenfalls in einen dritten Staat, verwiesen. Mit dieser Maßnahme wurde die langjährige gesonderte Behandlung der Kubaner in den USA, aber auch deren Ende im Sommer 1994 durch die letzte Aufnahme der Flüchtlinge in Guantánamo, zugegeben. *„The Cuban rafters who were brought to Guantanamo last summer will be admitted to the United States, except those found to be inadmissible under U.S. law. Those Cubans rescued at sea while illegally trying to enter the United*

---

[259] *"Cuban Liberty and Democratic Solidarity (Libertad) Act of 1996".* Title IV, Sec.3, §3.
[260] *"Background Notes: Cuba",* S.7ff.

States will be taken back to Cuba",²⁶¹ so Clinton. Diese Bestimmung ist nützlich, solange die kubanische Regierung ihren Teil dazu beiträgt, den Flüchtlingsstrom zurückzuhalten. Unter Berücksichtigung der US-amerikanischen diplomatischen und wirtschaftlichen Beziehungen zu Ländern, die auch keine demokratischen Wahlen durchgeführt haben, lässt die USA ihre Politik gegenüber Kuba in der internationalen Wahrnehmung als widersprüchlich und inkonsequent erscheinen und dies äußerte sich vor allem während der Clinton-Administration. In diesem Sinne sahen die USA nach dem Zusammenbruch der Sowjetunion, dass der moralische, wirtschaftliche und politische Anspruch der Castro-Regierung an einen Endpunkt gekommen sei, wie es Clinton formuliert: *„Cuba´s system is at a dead end politically, economically, and spiritually."*²⁶² Die kubanische Regierung sieht darin eine Individualisierung der kubanischen Frage und will den Störfaktor für die Normalisierung der Beziehungen nicht bei sich selbst, sondern seinem Nachbarn suchen. Die vor dem Zusammenbruch der Sowjetunion von Washington gestellten Bedingungen für eine Harmonisierung der Beziehungen, wie die Zurückziehung der kubanischen Truppen aus Afrika sowie der Verzicht auf militärische Interventionen in Mittelamerika oder die Reduzierung der militärischen Beziehungen zu dem Erzfeind dienen im Rahmen der heutigen Entwicklung automatisch nicht mehr als Argument für eine Begründung. Der Widerspruch dieser Politik ist nach dem Ende des Kalten Krieges in der neuen Gestaltung der Beziehungen zu Peking und der wachsenden Beziehungen mit Hanoi und Pyongyang zu bemerken, obwohl in diesen Ländern von der US-Regierung ernste Menschenrechtsverletzungen beklagt werden. Es wird eine *„Politik der Einbindung"* verfolgt, mit der Voraussetzung des *„konstruktiven Verhaltens"*, wie es Powell formulierte: *„Wir werden Nordkorea nicht meiden, im Gegenteil. Wir glauben, dass wir diesem Regime eine Menge anzu-*

---

[261] Clinton, *"Remarks to the Cuban-American Community"*, S.954.
[262] Ebd., S.953.

bieten haben, wenn es sich auf eine Weise verhält, die wir für konstruktiv halten."²⁶³ Nicht kohärent sind hier die Haltung und Erklärung der USA bei der Differenzierung Kubas zu den genannten Ländern, denn die Insel wird in der US-politischen Wahrnehmung als ein besonders historischer Fall in der amerikanischen Hemisphäre angesehen, wie Clinton es formuliert: „I think Cuba is different (...), because of the historic legacy we have with them going back to the early sixties. I think it's different because it's the only Communist dictatorship in our hemisphere."²⁶⁴ Ironischerweise wurde der besondere Status Chinas an die Bedingung geknüpft, die Hilfe für Kuba zu stoppen. Die Überzeugung, dass die USA Einfluss auf den amerikanischen Kontinent haben, ist immer in den lateinamerikanischen Ländern vorhanden gewesen. Die Intensität des US-amerikanischen Einflusses ist wegen der regionalen Nähe Kubas stärker als in anderen Teilen der Weltkugel und die verhängten Sanktionen gegen die Insel bilden ein wichtiges Instrumentarium dieser bewusst angewandten Politik: „(...) I think, as a practical matter, we probably think we can have a greater influence through economic sanctions in Cuba than we can in other places",²⁶⁵ so Clinton. Kuba war, ist und bleibt im Einflussradius der USA. Wegen dieser besonderen Behandlung Kubas fühlt sich die kubanische Führung in ihren Anschuldigungen bestärkt, dass die USA ein Feind der kubanischen Souveränität und nicht des Sozialismus sind. Ein Grund, um das aktuelle System und dessen Souveränität zu verteidigen: "Tenemos o no el derecho a darnos el sistema social que deseemos?(...) mientras tengamos soberanía defenderemos ese derecho."²⁶⁶ Dieses Argument Castros wird auch dadurch bekräftigt, dass die ersten Sanktio-

---

²⁶³ Powell zitiert in: „Kim Dae-Jung zu Besuch in Washington", o.V., Frankfurter Allgemeine Zeitung, 57 (03/2001), S.10.
²⁶⁴ Clinton zitiert in: „Interview with Jim Lehrer of the PBS News Hour", S.90.
²⁶⁵ Ebd., S.90.
²⁶⁶ Übers.: „Haben wir das Recht, uns das soziale System auszusuchen, das wir möchten? Solange wir Souveränität haben, werden wir dieses Recht verteidigen." Castro 1999, zitiert nach Mireya Castañeda, in: "La cumbres iberoamericanas se consolidan", Granma Internacional, 3(11/1999), S. 1.

nen, die die USA verhängt hatten, schon zwischen 1959 und 1961 zu Stande gekommen waren, also sogar bevor Kuba den kommunistischen Weg eingeschlagen hatte. Offiziell wurden die Sanktionen aber unter Präsident Kennedy und von den nachfolgenden Präsidenten unterstützt.[267] Die langjährige US-Politik gegenüber Kuba hat durch die Durchsetzung des „Torricelli"- und „Helms-Burton-Gesetzes" einen Höhepunkt erreicht, der den angestrebten Zielen der kubanischen Konservativen in Miami entspricht. Das Embargo legt die Politik der Vereinigten Staaten gegenüber der Insel auf eine Linie fest. Die amerikanische öffentliche Meinung erwartet von Kuba ein offeneres System und eine größere Berücksichtigung der Menschenrechte, was auch Zielsetzungen der meisten Regierungen in der internationalen Gemeinschaft sind. Die Streitfrage dreht sich hier jedoch um die anzuwendende Methode, um diese Entwicklung in Bewegung zu setzen, denn unter dem Druck der letzten 40 Jahre waren die erwarteten Ziele nicht erreicht worden. Dazu Clinton bei der Verlängerung der Aussetzung des „Title III" des „Helms-Burton-Gesetzes": „I also suspended the right to file suit for 6 months to allow us time to forge a common approach with our allies and trading partners to accelerate democratic transition in Cuba. U.S. allies and friends have long shared this goal, but we have not always agreed on how to achieve it."[268] Zu bemerken ist hier jedoch die von den USA verfolgte Taktik in bezug auf Osteuropa und der Sowjetunion, die eine Reduzierung der Spannungen mit sich brachte. Zu den wichtigen Instrumenten der Entspannungspolitik, die von den USA angewandt wurden, zählten der Handel, kultureller Austausch und solcher von Akademikern sowie Reisefreiheit in beide Richtun-

---

[267] Michael Ranneberger, "Testimony Before the Subcommittee on Trade of the House Committee on Ways and Means: Hearing on U.S. Economic and Trade Policy Toward Cuba", in: http://waysandmeans.house.gov/trade/105cong/5-7-98/5-7rann.htm, Department of State, 7. Mai 1998, S.3.

[268] William J. Clinton, "Statement on Efforts To Bring Democracy to Cuba", in: http://usinfo.state.gov/pdq/pdq.htm, Public Papers of the Presidents. U.S. Government Printing Office via GPO Access, Text. 125, August 16 1996, S.1299.

gen. Die Frage bleibt offen, warum die Vereinigten Staaten nicht die gleiche Taktik in bezug auf Kuba anwenden, besonders nachdem die bisherige Politik nicht die erwarteten Früchte gebracht hat und außerdem in der Postära des Kalten Krieges nicht mehr angemessen ist. Diese Frage lässt sich möglicherweise in der Konfigurierung der Interessen der Exilkubaner und ihrer Hoffnung auf Entschädigungen erklären, denn diese Gruppen haben die US-Kubapolitik auch mitgestaltet und zudem die Aussicht auf eine vernünftigere Lösung belastet. *"The right-wing exiles are dictating Cuba policy and they will tolerate no engagement (...) Cuban Americans have recourse to U.S. courts in an effort to secure compensation."*[269] Schon in den Forderungen nach härteren Maßnahmen gegen Kuba zeigte sich die Entschiedenheit der ultrarechten Exilkubaner, immer neue Wege zu suchen, um diese Maßnahmen mit politischen Instrumenten umzusetzen. Das Verlangen der Exilkubaner unter der Führung von Mas Canosa nach einer „Naval blockade" für Schiffe aus Frankreich, Russland und Kanada mit Ware für Kuba an Bord ähnelt einem „act of war,"[270] sagt der frühere Direktor der *US interests section* in Havanna, Wayne S. Smith.

7. 2 Die Symbolfigur Castro und die Institution der Militärs in der Auslegung der US-Kubapolitik

Eine der wichtigsten Aussagen in der Formulierung der Kubapolitik der US-amerikanischen Regierung betrifft die Herbeiführung eines friedlichen Übergangsprozesses und das Erlassen von Gesetzen, die solch eine Transformation fördern. Doch es kann sich als schwierig erweisen, eine Übergangsregierung ohne Fidel Castro zu Stande zu bringen, wie es beispielsweise im Zielsetzungssatz des „*Helms-Burton-Gesetzes*" angestrebt wird.[271] Diese Absicht, welche

---

[269] Smith, *The U.S.-Cuba imbroglio: Anatomy of a Crisis*, S.13.
[270] Ebd., S.13.
[271] "*Cuban Liberty and Democratic Solidarity(Libertad) Act of 1996*", Title II, Sec. 205, §7.

die Vereinigten Staaten damit öffentlich kundtun, ist nicht neu, denn das Bestreben, Castro „loszuwerden", war schon bei der Entstehung der Sanktionen gegen Kuba im Jahr 1961 impliziert, als 63 % der öffentlichen Meinung dem Embargo zustimmte und zwar *„so long as Castro is in power."*[272] Beobachter stellen sich die Frage, wie ein Kuba ohne Castro aussehen würde und viele von ihnen hatten schon das Ende Kubas Anfang der 90er Jahre vorausgesagt, was jedoch heute nach zehn Jahren durch den historischen Verlauf nicht bestätigt wurde. Eine weitere Frage, die man sich stellen kann, ist, wie ein friedlicher Übergang aussehen könnte. Die Vorstellung, Castro würde sich ruhig zurückziehen und widerstandslos seine Ideale aufgeben, ist seiner Biografie zufolge nahezu auszuschließen. Außerdem würde er einen hohen Prozentsatz der kubanischen Bevölkerung und Streitkräfte hinter sich haben, die bereit sein würden, mit ihm in den Kampf zu ziehen. Das Resultat eines solchen Unternehmens würde ein massives Blutvergießen bedeuten, vielleicht sogar einen Bürgerkrieg mit Hunderttausenden von Flüchtlingen an den amerikanischen Ufern und dies würde wiederum mit intensiven Pressionen auf die amerikanische Regierung verbunden sein. Diese Vorstellung eines Übergangs auf der Insel würde eine blutige Konfrontation mit sich bringen und schmerzliche Konsequenzen für die Vereinigten Staaten als auch für Kuba haben. Eine Erklärung für die Reaktion der kubanischen Führung auf eine mögliche militärische Intervention der USA lässt sich mit den Worten von Czempiel interpretieren: *„Ein kleiner, durch seine Insellage geschützter und gleichzeitig gehemmter Staat braucht sich nicht zu verteidigen, er kann aber auch nicht angreifen. Umgekehrt vermag eine hochgerüstete Supermacht eine auswärtige Gewaltpolitik zu führen, die sich ihr kleiner Nachbar Ihr gegenüber nicht erlauben kann. Eine Supermacht muss sich nicht aufgrund ihrer militärischen Stärke notwendigerweise nach außen aggressiv verhalten; der klei-*

---

[272] LeoGrande, *From Havana to Miami*, S.69.

ne Inselstaat andererseits kann ständig gewaltbereit sein."[273] In diesem Zusammenhang sind gerade der Ruf zur Wachsamkeit und die Bereitschaft für die Verteidigung der Revolution die Rhetorik Castros. Die Zielsetzung, einen friedlichen Übergangsprozess – mit oder ohne Castro – in den Mittelpunkt zu stellen, ist in diesem Zusammenhang von Relevanz und als Schlüsselstrategie anzusehen, auch wenn sie sich als ein langer und schwieriger Prozess erweisen kann.[274] Vor allem, weil es nicht einfach ist, Veränderungen in einer Gesellschaft voranzutreiben, in welcher der Versuch der „Unterwerfung" und „Beherrschung" der Insel von Seiten der Vereinigten Staaten als das „ABC" der politischen Kenntnisse jedes Kubaners gilt.[275]

Die politische Führung auf Kuba nimmt eine klare Stellung ein, was eventuelle Verhandlungen über den demokratischen Prozess auf der Insel angeht, und zwar wird sie heute nicht die Bereitschaft haben, ein Einigungsgespräch unter politischem Druck und mit Bedingungen durchzuführen. So empfiehlt Raul Castro, der Oberbefehlshaber der kubanischen Streitkräfte den USA, am besten mit Castro zu verhandeln als mit der möglichen Regierung nach ihm. *„Al imperialismo le convendría más tratar de normalizar las relaciones en vida de Fidel que en el futuro."*[276] Raul Castro sagt für die Zeit nach Fidel Castro eine strengere Haltung und das Fortbestehen des Sozialismus voraus: *„Ahora están hablando de la época post Castro y de que el tránsito tiene que ser pacífico. Claro que siempre habrá*

---

[273] Czempiel, *Friedensstrategien*, S.148.
[274] Vgl. William M. LeoGrande, *"The United States and Cuba After the Cold War: The 1994 Refugee Crisis"*, in: Institute for the Study of Diplomacy, Washington D.C. 1995, S.7.
[275] Siehe hier die Debatte zwischen Carlos Fernández de Cossío und José R. Cabañas zitiert in: *"El conflicto Cuba-EE.UU",* S.124.
[276] Übers.: *„Es wäre für den Imperialismus vorteilhafter zu versuchen, die Beziehungen (zwischen beiden Ländern) zu normalisieren, solange Fidel lebt, als in der Zukunft",* Raúl Castro zitiert in: *"Raúl recomienda a EE.UU. normalizar relaciones con la Cuba de Fidel",* S.1.

tránsito, hacia un socialismo cada vez superior."[277] So bleibt die kubanische Führung bei ihrem Ziel, den Sozialismus auf Kuba zu erhalten. Die Befürchtung der unkontrollierbaren Flucht von Menschen ist im Rahmen einer gewaltsamen Auseinandersetzung um die politische Macht oder eines ökonomischen Zusammenbruchs des kubanischen Systems durchaus denkbar. Konservative Politiker in den USA, wie der Republikaner Jesse Helms, sehen im Fall eines Massenexodus die Möglichkeit einer Strategie der militärischen Intervention, besonders wenn Castro einen solchen Auszug erlauben würde. Eine bewaffnete Intervention widerspricht der Empfehlung von US-amerikanischen Experten, die die Existenz der Militärs akzeptieren und für eine Aufnahme von Kontakten mit dem kubanischen Militär plädieren, denn diese Institution gilt als eine der stärksten innerhalb der kubanischen Strukturen und sie könnte in einer Übergangsphase auf der Insel eine entscheidende Rolle spielen. *"The Cuban military exists. Indeed, it is one of the few strong institutions on the island ... We believe that the vital interests of the United States will be served by taking steps now to prepare for that future."*[278]

Hinsichtlich der Geschichte beider Länder wird Kuba immer mit einer defensiven Haltung, die sicherlich von innerer Disziplin und ideologischer Einheit begleitet wird, auf neue US-amerikanische Pressionen und Bemühungen, eine Veränderung auf der Insel herbeizuführen, reagieren. Mit anderen Worten: Erhöhte Spannungen und Pressionen erzeugen Zustände, die das Gegenteil derjenigen sind, die zu größerer Offenheit und der Einhaltung individueller Rechte führen könnten. Nur wenn die Spannungen zwischen den Vereinigten Staaten und Kuba gelockert werden, kann in diesem Kontext nach 40 Jahren Embargo von einem Fortschritt gesprochen

---

[277] Übers.: *„Es wird jetzt von der Nach-Castro-Ära geredet und dass der Übergang friedlich sein soll. Natürlich wird es einen Übergang zu einem besseren Sozialismus geben".* Ebd., S.1f.
[278] Aronson / Rogers, *U.S.-Cuban Relations in the 21st Century*, S.18.

werden. Das ist teilweise einer der Grundgedanken vieler Beobachter und Menschenrechtsaktivisten auf Kuba, denn sie verlangen ein Ende und ein Überdenken des US-amerikanischen Embargos, um die Herabsetzung von Spannungen voranzutreiben und die Beziehungen zwischen den beiden Ländern an die neue Ära anzupassen. „(...) We are in a new era and a new environment that requires the United States to rethink its policy toward Cuba."[279]

---

[279] Ebd., S.7.

8. Schlusswort

Historisch betrachtet waren die Beziehungen zwischen den USA und Kuba immer durch Spannungen geprägt, welche sich durch kontinuierliche Höhen und Tiefen auszeichneten und folglich eine Harmonisierung immer schwieriger machten. Die geographische Lage der größten Insel der Antillen und ihre Nähe zu den Vereinigten Staaten war und ist eine wichtige Grundlage für die besondere Haltung gegenüber Kuba von Seiten des mächtigen Nachbarn. Seit zweihundert Jahren haben die USA ihr Interesse für die Insel geäußert und versuchten daraus einen natürlichen Anspruch auf Einfluss abzuleiten. Dieses Interesse zeigte sich auch im Laufe der Beziehungen der USA zu den Nachbarn im Süden des Kontinents immer wieder. Der Höhepunkt für den Bruch der diplomatischen Beziehungen war der Triumph der kubanischen Revolution, deren Entwicklung die Welt an den Rand eines Krieges führte. Auf Grund der bipolaren Konfrontation geriet Castros Kuba in der westlichen Hemisphäre immer mehr in die Isolation und wurde im ideologischen Krieg zum Vorposten der Sowjetunion. Die antikommunistische Haltung der US-Administrationen und die verhängten wirtschaftlichen Sanktionen wurden von der Insel durch die Annäherung an die Ostblockländer und die ökonomischen Subventionen der Sowjetunion kompensiert, durch welche die langjährige Blockade überbrückt werden konnte. Der qualitative weltpolitische Wechsel nach dem Ende des Kalten Krieges zwang Kuba, Reformen vorzunehmen, die das Überleben des existierenden Systems sichern sollten. Die Vereinigten Staaten von Amerika, die aus der bipolaren Konfrontation als Sieger hervorgegangen waren, sahen auf Grund der veränderten internationalen Konstellation die Notwendigkeit, ihre eigene Außenpolitik neu zu formulieren und zu gestalten. Auf diese Weise entstand eine Politik, die eine Harmonisierung der Beziehungen zum früheren Feind suchte. Die Entscheidung der USA, eine Versöhnung mit den Ostblockstaaten zu etablieren, erlaubte partnerschaftliche Beziehungen, die für beide Seiten von Nutzen waren und den Übergangsprozess dieser Länder förderten. Kuba blieb jedoch in der Wahrnehmung der USA eine Ausnahme. Die US-innenpolitischen Prozesse, die sich bei der Kubafrage in den außenpolitischen Entscheidungen reflektieren, sind auch ein Ergebnis des langjährigen Agierens von kubanischen Lobbygruppen wie der C.A.N.F., die sich innerhalb der US-amerikanischen gesellschaftlichen und wirtschaftlichen Strukturen konsolidiert haben. Sie stellen einen Machtfaktor dar, der die Wege des Dialogs mit der Führung in La Habana erschwert. Die von diesen Gruppen erwartete Erfüllung der Prognose, dass nach dem Zusammenbruch der Sowjetunion auch Kuba gemäß des „Dominoeffeks" fallen würde, ergab sich als Fehlkalkulation und die contrarevolutionäre Euphorie führte zu einer Verschärfung der schon existierenden Sanktionen gegen Kuba. Dies hatte zur Folge, dass sich die US-Administrationen für den Weg des Drucks entschieden, welcher nach internationaler Wahrnehmung oft als anachronistisch bezeichnet wurde. Hierbei wurde die Chance, in einer neuen Weltordnung Frieden mit dem Nachbarn zu schließen und eine Politik des Dialogs zu führen, die einen friedlichen Übergang innerhalb der kubanischen Gesellschaft fördern sollte, vertan. Die USA verwenden in der Kubafrage Methoden der Vergangenheit, die in einer veränderten Welt nicht mehr angebracht sind. Mit dieser Haltung verfolgen die USA in der Beziehung zu Kuba eine gerade Linie, welche die Möglichkeit einer Politik der Entspannung zu der Insel erschwert und einschränkt. Der Einfluss der C.A.N.F. führte zu einer Individualisierung des Konflikts und wurde in dieser Form auch von der kubanischen Führung wahrgenommen. Die Beziehungen beider Länder charakterisieren sich durch die außenpolitischen Entscheidungen der USA und die Reaktionen der kubanischen Regierung auf diese US-amerikanische Aktionen. In diesem Zusammenhang waren die politischen Entscheidungen Kubas immer von denen der USA konditioniert. Nicht nur die Individualisierung, sondern auch die Personalisierung des Wiederstandes durch Castro und seine 40-jährige anti-amerikanische Politik sind wichtige Faktoren, die bei einer Lösung des Konfliktes zu berücksichtigen sind, da auch nach 40 Jahren Sozialismus die Figur Castros innerhalb der kubanischen Gesellschaft immer noch eine breite Unterstützung findet. Ein friedlicher Übergangprozess auf der Insel ist ohne die Miteinbeziehung der kubanischen Führung und ohne die Suche nach Wegen des Dialogs mit derselben für die mittelfristige Zeit nicht möglich. Konservative US-amerikanische Kongressmitglieder wollen gerade die Figur Castros bei möglichen Verhandlungen bezüglich eines demokratischen Übergangs ausschließen. Dies entspricht auch der Haltung der C.A.N.F., deren Interessen in der Formulierung der wirtschaftlichen Sanktionen gegen Kuba wiederzufinden sind. Diese Organisation besteht heute noch wegen der Verstaatlichung früherer Eigentümer von Seiten der kubanischen Regierung auf eine Kompensation oder Entschädigung und lehnt dabei jede mögliche Annäherung der US-Regierung an Castros Kuba ab. Diese einseitige Bedingung hat die amerikanische Kubapolitik in eine Sackgase gelenkt und die erhobenen Besitzansprüche der C.A.N.F. lassen in der kubanischen Gesellschaft Skepsis über die Ziele der US-Politik aufkommen. Die Angst vor einer Restaurierung früherer Verhältnisse auf Kuba ist ein Hindernis, das für eine Verbesserung der Beziehungen überwunden werden muss. Die politische Strategie der Sanktionen hat nach ihrer 40-jährigen Anwendung nicht die erhofften Ziele erreicht und wird von der kubanischen Regierung bei der ideologischen Konfrontation weiter als Instrument benutzt, um die eigenen Reihen innerhalb der Gesellschaft zu schließen. Die gegenwärtige Haltung des US-Kongresses lässt vermuten, dass eine Wende in der Formulierung der Kubapolitik momentan nicht in Sicht ist. Die politischen Kräfte im Kongress, die für eine Normalisierung der Beziehungen beider Länder plädieren, haben noch nicht genügend Spielraum gewonnen, um die Individualisierung des Konflikts von Seiten der USA zu entkräften. Die Haltung des kubanischen Militärs und die Rolle, die es bei einem politischen Übergang auf der Insel spielen würde, ist von den US-Strategen zu berücksichtigen, um die Vermeidung einer gewalttätigen Auseinandersetzung zu sichern, denn ein friedlicher Übergang mit oder ohne Castro soll der

Mittelpunkt jeder politischen Entscheidung bleiben. Für die mittelfristige Zukunft ist zu erwarten, dass die USA ihre politische Linie der letzten Dekaden weiter verfolgen werden und sie sind fest entschlossen, damit eine Veränderung auf Kuba herbeizuführen. Die USA setzen dafür das Instrumentarium des wirtschaftlichen Drucks ein und werden nach den Worten von Clinton nicht zufrieden sein, bis der Tag dieser Veränderung auf Kuba eintritt: „*We will not be satisfied until that day arrives.*" [280]

---

[280] Clinton, "*Statement on Review of Title III of the Cuban Liberty and Democratic Solidarity (Libertad) Act of 1996*", S.2.

9. Bibliografie

ARBOLEYA CERVERA, *Jesus*:

La Contrarevolución cubana, La Habana 1997.

ARONSON, *Bernhard W.* / ROGERS, *William D.*:

Independent Task Force Report: U.S.-Cuban Relations in the 21st Century, Council on Foreign Relations, New York 2000.

BECK, *Reinhart*:

Sachwörterbuch der Politik, Stuttgart 1997.

BELL, *D. Peter* / HURTADO, *Osvaldo* / HILLS, *A. Carla*:

A Time for Decisions: U.S. Policy in the Western Hemisphere, in: Inter-American Dialogue, Report of the Sol M. Linowitz Forum, June, Washington D.C. 2000.

BERMÚDEZ, *Lilia*:

El futuro de las relaciones Estados Unidos – America Latina bajo el gobierno de Clinton, in: UNGO, Guillermo Manuel (Hg.), Documento de Trabajo, Serie Análisis de la Realidad Nacional 94-8, San Salvador 1994.

BRAVO MIRANDA, *Olga*:

Cuba-USA: Nacionalizaciones y bloqueo, La Habana 1996.

BROOKE, *J.*:

"Latin America now ignores US lead in isolating Cuba", in: New York Times, 8 *(07/1995)*, S.1; 5.

BURGHARDT, *Leo* / HUHN, *Klaus*:

Das Wunder Kuba, Berlin, 1999.

CAÑIZALES, *Andres* :

Cuba: Diez Añios de Transformaciones, Caracas 1998.

CASTAÑEDA, *Mireya*:

"La cumbres iberoamericanas se consolidan", in: Granma Internacional, 3 *(11/ 1999)*, S. 1.

CASTRO, Fidel:

„Einige dieser Maßnahmen sind uns zuwider." Dokumentation der Rede zur Legalisierung des US-Dollars, in: HOFFMANN, Bert (Hg.), Wirtschaftsreformen in Kuba: Konturen einer Debatte, 2. Aufl., Frankfurt am Main 1996, S.44-60.

CASTRO, Fidel:

Granma, o.T., 8 (02/1995), S.1-5.

CLINTON, J. William:

"Continuation of the National Emergency Relating to Cuba and of the Emergency Authority Relating to the Regulation of the Anchorage and Movement of Vessels", in: Presidential Documents, Federal Ragister, Vol. 63, 38 (02/1998), Notice 9923.

COHEN, James:

Las Relaciones entre Cuba y EE.UU. bajo Clinton (1993-97), in : Ibero-Americana pragensia, Año 32, Praga 1998, S.191-200.

CEPAL, Comisión Económica de América Latina y el Caribe, 1999-2000.

"*Conferencia la nacion y la emigracion*", o.V., 22-24. April, editora Política, La Habana 1994.

COTAYO, Charles:

"Fin del embargo a Cuba traería bonanza a Miami", in: El Nuevo Herald, 11 (01/1999) S.2-4.

CZEMPIEL, Ernst-Otto:

Internationale Beziehungen: Begriff, Gegenstand und Forschungsabsicht, in: KNAPP, Manfred / KRELL, Gert (Hg.), Einführung in die Internationale Politik, 2. Aufl., München 1991, S.2-25.

CZEMPIEL, Ernst-Otto:

Friedensstrategien, Wiesbaden 1998.

CZEMPIEL, Ernst-Otto / WITZEL, Rudolf:

Grundzüge der amerikanischen Außenpolitik nach 1945, in: JÄGER, Wolfgang / WELZ, Wolfgang (Hg.), Regierungssystem der USA, München 1995, S. 358-407.

Cuba **INFO**, o.V., o.T., 4. September 1993.

DIETL, Ralph:

USA und Mittelamerika: Die Außenpolitik von William J. Bryan, Stuttgart 1996.

DIEZ ACOSTA, Tomás:

La guerra encubierta contra Cuba: Documentos desclasificados de la CIA, La Habana 1997.

DILLA, Alfonso Haroldo:

La democrazia en Cuba y el diferendo con los Estados Unidos, Centro de Estudios sobre America, La Habana 1995, S.47.

DITTGEN, Herbert:

Amerikanische Demokratie und Weltpolitik: Außenpolitik in den Vereinigten Staaten, Paderborn 1998.

DITTGEN, Herbert:

Präsident und Kongress im außenpolitischen Entscheidungsprozess, in: JÄGER, Wolfgang / WELZ, (Hg.), Regierungssystem der USA, München 1995, S.421-447.

DOMINGUEZ, Jorge Ignacio:

U.S.-Cuba Relations: From the Cold War to the Colder War, in: Journal of Interamerican Studies & World Affairs: The Cuban economy in the age of hemispheric integration, Vol. 39, Nr. 3, Miami 1997, S.49-75.

"El conflicto Cuba-EE.UU.", o.V.,

in: Contracorriente una revista cubana de pensamento, Año 2 (6/1996), La Habana 1996, S.120-151.

ERISMAN, H. Michael:

U.S.-Cuban Relations: Moving Beyond the Cold War to the New International Order?, in: PALMER, Ransford W. (Hg.), The Repositioning of U.S.-Caribbean Relations in the New World Order, Westport, Conn. [u.a.] 1997, S.51-81.

FIGUERAS, Miguel Alejandro:

La ley Helms-Burton y sus implicaciones, in: Revista bimestre cubana de la Sociedad Económica de Amigos del País, Vol. 80, Nr. 5, La Habana 1996, S.99-123.

FRANKLIN, Jane:

Cuba and the United States, New York 1997.

GABRIEL, Leo:

Die globale Vereinnahmung und der Widerstand Lateinamerikas gegen den Neoliberalismus, Frankfurt am Main 1997.

GERKE, Kinka:

Unilateral Strains in Transatlantic Relations: U.S. Sanctions Against Those Who Trade with Cuba, Iran and Lybia, and Their Effects on the World Trade Regime, in: Peace Researsch Institute Frankfurt, PRIF-Report 47, 1997.

GIULIANO, Maurizio:

La Transición cubana y el bloqueo Norteamericano, Santiago de Chile 1997.

GLÜSING, Jens / SIMONS, Stefan:

„Aufmarsch in Havanna", in: Der Spiegel, 27 (07/2000), S.158-160.

GONZALEZ, Edward:

Obstacles to Breaking the US-Cuban Deadlock, in: RITTER, Archibald R.M. / KIRK, John M., Cuba in the international system: Normalization and integration, London 1995, S.208-224.

GREENHOUSE, L.:

„U.S. will return refugees to Cuba in policy switch", in: New York Times, 3 (05/1995), S. 1-14.

GUNN, Gillian:

Clinton and Castro: Pragmatism or Paralysis, in: RITTER, Archibald R.M. / KIRK, John, Cuba in the International System: Normalization and Integration, London 1995, S.198-207.

GUTIERREZ MENOYO, Eloy:

Erklärung vom 19. August: Ein Vertrauensvotum aus Miami für die wirtschaftlichen Veränderungen in Kuba, in: HOFFMANN, Bert (Hg.), Wirtschaftsreformen in Kuba: Konturen einer Debatte, 2. Aufl., Frankfurt am Main 1996, S.61-66.

HERNÁNDEZ, Rafael:

Cuba y los Cubano-Americanos: El impacto del conflicto EE.UU –Cuba en sus relaciones presentes y futuras, in: Cuadernos de nuestra América, Vol. 12, Nr. 23, La Habana 1995, S.4-22.

HERNÁNDEZ, Rafael:

Conflict Resolution between the United States and Cuba: Clarifications Premises and Precautions, in: RITTER, Archibald R.M. / KIRK, John M., Cuba in the International System: Normalization and Integration, London 1995, S.179-193.

HILLS, Jochen / **WILZEWSKI,** Jürgen:

Von der imperialen zur medialen Präsidentschaft, in: ZENAF Arbeits- und Forschungsbericht (Zentrum für Amerika Forschung), 2 (12/1999), S.5-31.

HOWARD, Frederick H.:

Cuban-American Radio Wars: Ideology in International Telecommunications, New Jersey 1986.

HUNTINGTON, P. Samuel:

The Third Wave, University of Oklahoma Press, London 1993.

JÄGER, Wolfgang / WELZ, Wolfgang:

Regierungssystem der USA, München, [u.a.] 1995.

JUNKER, Detlef:

Gottes eigener Hinterhof: Die US-lateinamerikanischen Beziehungen, in: JUNKER,D. / NOHLEN, D. / SANGMEISTER, H. (Hg.), Lateinamerika am Ende des 20. Jahrhunderts, München 1994, S.55-74.

KELLER, Thomas:

Das außenpolitische Erbe John F. Kennedys, in: Hochschulschriften, Frankfurt am Main 1993.

„**Kim Dae-Jung zu Besuch in Washington**", o.V.,

in: Frankfurter Allgemeine Zeitung, 57 (03/2001), S.10.

KNIRSCH, Peter:

Bilanz der Wirtschaftsbeziehungen, in: RODE, Reinhard / JACOBSEN, Hanns-D. (Hg.), Wirtschaftskrieg oder Entspannung. Eine politische Bilanz der Ost-West-Wirtschaftsbeziehungen, Bonn 1984, S.102-113.

KOHL, Hans-Helmut:

„Wandel durch Zusammenarbeit: Warum sich die deutsche Entwicklungshilfe in Kuba engagiert", in: Frankfurter Rundschau, 29 (05/2000) S.3.

KRELL, Gert:

Weltbilder und Weltordnung: Einführung in die Theorie der internationalen Beziehungen, 1. Aufl., Baden-Baden 2000.

LAGE DÁVILA, Carlos:

„Wir bleiben Sozialisten", in: Der Spiegel, 13(2000), S. 188-190.

LEOGRANDE, M. William:

The United States and Cuba After the Cold War: The 1994 Refugee Crisis, in: Institute for the Study of Diplomacy, Washington D.C. 1995, S.1-15.

LEOGRANDE, M. William:

From Havana to Miami: U.S. Cuba Policy as a Two-Level Game, in: Journal of Interamerican Studies & World Affairs, Vol. 40, Nr.1, Miami 1998, S.67-86.

Los Paises no alineados, o.V., Prensa Latina, Agencia de Prensa Orbis, Praga 1982.

LOWELL, B. Lindsay / GARZA de la, Rodolfo O.:

The Developmental Role of Remittances in U.S. Latino Communities and in Latin American Countries, Inter-American Dialogue & The Tomás Rivera Policy Institute, Washington D.C. 2000.

MANSUR, Khan:

Die geheime Geschichte der amerikanischen Kriege: Verschwörung und Krieg in der US-Außenpolitik, Tübingen 1998.

MAS, Sara:

„Denuncian acciones subversivas de EE.UU. y la SINA" , in: Granma International, *24 (1/2001)* S.1-5.

MATTHIES, Volker:

Blockfreiheit, in: NOHLEN, Dieter / BOECKH, Andreas (Hg.), Lexikon der Politik, Band 6, München 1993, S.62-66.

MEDICK-KRAKAU, Monika:

Die Außenpolitik der USA, in: KNAPP, Manfred / KRELL, Gert (Hg.), Einführung in die Internationale Politik, 2.Aufl., München 1991, S.54-79.

MEIER, Thomas:

Die Reagan-Doktrin: Die Feindbilder, die Freundbilder, Bern 1998.

MONREAL, Pedro / RÚA DEL LI ANO, Manuél:

Kubas Transition, Öffnung und Reform der kubanischen Wirtschaft: Die Transformation der Institutionen, in: HOFFMANN, Bert (Hg.), Wirtschaftsreformen in Kuba: Konturen einer Debatte, 2. Aufl., Frankfurt am Main 1996, S.200-223.

MONREAL, Pedro / RUA DEL LLANO, Manuél:

Hacia una transición: Apertura y reforma de la economía, in: Cuba, apertura y reforma, Caracas 1995.

MOON, *Bruce E.*:

The United States and Globalization, in: STUBBS, *Richard* / UNDERHILL, *Geoffrey R.D.* (Hg.), *Political Economy and the Changing Global Order*, 2. Aufl., Oxford [u.a.] 2000, S.342-351.

OPATRNY, *Josef*:

U.S. Expansionism and Cuban Annexationism in the 1850s, Prague 1990.

PEREZ, *Lous A. Jr.*:

The circle of connections: One Hundred Years of Cuba-U.S. Relations, in: BEHAR, *Ruth* (Hg.), *Bridges to Cuba*, Michigan 1998, S.161-179.

PHILLIPS, *Nicola*:

The Future of the Political Economy of Latin America, in: STUBBS, *Richard* / UNDERHILL, *Geoffrey R.D.* (Hg.), *Political Economy and the Changing Global Order*, Oxford 2000, S.284-291.

PRADOS, *John*:

President´s Secret Wars: CIA and Pentagon Convert Operations from World War II Through the Persian Gulf, Chicago 1996.

"Raúl recomienda a EE.UU. normalizar relaciones con la Cuba de Fidel", o.V., in: Granma Internacional, 5(01/2001) S.1-4.

"Reconocen colaboración cubana contra el narcotráfico", o.V.,

in: Granma International, 19 (05/1999), S.1.

RICH KAPLOWITZ, *Donna*:

Anatomy of a Failed Embargo: U.S. Sanctions against Cuba, London 1998.

RITTER, *R.M.* Archibald / KIRK, *M. John*:

Cuba in the International System: Normalization and Integration, London 1995.

ROBAINA GONZALES, *Roberto*:

"Once millones de cubanos no imploran, sino exigen, de pie, el fin de esta guerra sucia" in: Granma Internacional, *14(10/1998)* S.1-8.

ROBERTS, *Bryan R.*:

Socially Expected Durations and the Economic Adjustment of Immigrants, in: PORTES, *Alejandro* (Hg.), *The Economic of Immigration*, New York 1992, S.41-86.

RODRIGUEZ, Arsenio:

"Nuevo Gobierno en EE.UU.: La continuidad de una política anacrónica", in: Granma International, 23 (01/2001), S.1-5.

ROSENDAHL, Mona:

Congreso Internacional de Americanistas, La situación actual en Cuba: Desafíos y Alternativas, Stockholm 1994.

ROY, Joaquín:

El impacto interanacional de la ley Helms-Burton, in: Estudios Internacionales, Año 30, Nr. 118, Santiago de Chile 1997, S.170-194.

ROY, Joaquín:

Auge y Caida de la Ley Helms-Burton, in: Leviatán: Revista de hechos e ideas, Nr.68, Madrid 1997, S.33-46.

SANCHEZ VAZQUEZ, Adolfo:

Once Tesis sobre socialismo y democracia, in: Cuadernos Políticos, Méxiko 1987.

SCHÄFER, Peter:

Die Präsidenten der USA in Lebensbilder, Köln 1993.

SCHNEIDER, William:

The New Isolationism, in: LIEBER, J. Robert (Hg.), Eagle Adrift: American Foreign Policy at the End of the Century, New York 1997, S.26-38.

SCHWAB, Peter:

Cuba confronting the US Embargo, New York 1999.

SEIDELMANN, Reimund:

Frieden, Freiheit und Gerechtigkeit: Normative Postulate der Internationalen Beziehungen, in: KNAPP, Manfred / KRELL, Gert (Hg.), Einführung in die Internationale Politik, München 1991, S.26-53.

SESTANOVICH, Stephen:

The Collapsing Partnership: Why the United States has no Russia Policy, in: LIEBER J. Robert (Hg.), Eagle Adrift: American Foreign Policy at the End of the Century, New York 1997, S.163-177.

SHELL, L. Kurt:

Das politische System, Kongress und Präsident, in: LÖSCHE, Peter / ADAMS, Paul (Hg.), Länderbericht USA, Bonn 1998, S.207-262.

SKIERKA, Volker:
„Castros Erfolg", in: Die Zeit, 47 (11/1999), S.13.

SIMON, Stefan:
„Im Schutz der Delfine", in: Der Spiegel, 15 (4/2000), S.220-222.

SMITH, Hopkinson Peter:
Talons of the Eagle: Dynamics of U.S.-Latin American Relations, New York 2000.

SMITH, S. Wayne:
The US-Cuba Imbroglio: Anatomy of a Crisis, Center for International Policy, Washington D.C. 1996, S.1-14.

SMITH, S. Wayne:
Wanted: A Logical Cuba Policy, Center for International Policy, Washington D.C. 1998.

STAHL, Karin:
Kuba, in: NOHLEN, Dieter / NUSCHELER, Franz (Hg.), Handbuch der Dritten Welt, Band 3, Bonn 1995, S.479-514.

STRAUSZ-HUPÉ, Robert:
Democracy and American Foreign Policy, New Jersey 1995.

SUÁREZ, Felipa / QUESADA, Pilar:
A escasos metros del enemigo: Historia de la brigada de la frontera, La Habana 1996.

SCHWEIGLER, Gerhard:
Außenpolitik der USA, in: ADAMS, Paul Willi / LÖSCHE, Peter (Hg.), Länderbericht USA, Bonn 1998, S.393-473.

"The 1995 Hispanic Business Rich List", o.V.,
in: Hispanic Business, USA (05/1995).

TIERNEY, T. John:
Congressional Activism in Foreign Policy: Its Varied Forms and Stimuli, in: DEESE, David A., The New Politics of American Foreign Policy, New York 1994, S.102-129.

TUBELLA, *Imma* / **VINYAMATA**, *Eduard*:

Cuba es de todos 1898-1998: Contribución a la resolución del conflicto entre los cubanos de Cuba y Miami, Barcelona 1998.

TRUEHEART, *C.*:

"US hard-line stance on Cuba draws ice reviews from trading partners", in: Washington Post, *10 (09/1994)*, S. 18 A.

VAN TASSELL, *Darin H.*:

Operational Code Evolution: How Central America Came to Be Our Backyard in U.S. Culture, in: HUDSON, *Valerie M.* (Hg.), *Culture & Foreign Policy*, London 1997, S.231-261.

„Wandel durch Annäherung", o.V.,

in: Frankfurter Allgemeiner Zeitung, *13 (02/2001)*, S.2.

WHITEFIELD, *Mimi*:

"Publicidad en español tienta a anunciantes", in: El Nuevo Herald, Miami, *30 (10/1995)*, S. 3B.

WILZEWSKI, *Jürgen*:

Internationale Beziehungen, in: NOHLEN, *Dieter* (Hg.) [u.a.], *Lexikon der Politik*, Band 7, München 1998, S.284-285.

WODMAN, *Joel M.*:

The National Endowment for Democracy, Foreign Affairs and National Defence Division, Congressional Research Service, Washington, *(21. 06/1985)*.

YOUNGERS, *Coletta*:

U.S. Policy in Latin America and the Caribbean: Problems, Opportunities, and Recommendations, in: HONEY, *Martha* / BARRY, *Tom* (Hg.), *U.S. Policy at the Turn of the Millennium*, New York 2000, S.160.

ZIMBALIST, *Andrew*:

Cuba, Castro, Clinton and Canosa, in: RITTER, *R.M. Archibald* / KIRK, *M. John* (Hg.), *Cuba in the International System: Normalization and Integration*, London 1995, S.23-35.

Quellen aus dem Internet

"Background Notes: Cuba"

in: **www.state.gov/www/background_notes**, U.S. Department of State, Bureau of Inter-American Affairs, April 1998, S.1-11.

BUSH, *W. George*:

"China y Rusia: Potencias en Transición", in: **http://usinfo.state.gov/journals/itps/0900/ijps/pj52bush.htm**, Department of State, U.S. Foreign Policy Agenda *(Spanish)*, September 2000, S.1-7.

BUSH, *W. George*:

"George W. Bush on Foreign Policy, a Charge to Keep", *in*: **www.peako.com**, 12.09.1999, S.2-14.

"Chronology of Cuban Migration, 1958-1998",

in: **www.state.gov/www/regions/wha/cuba/migration_chron.html**, Office of Cuban Affairs, Bureau of Western Hemisphere Affairs, Department of State, *March 20, 2000*, 1-2

CLINTON, *J. William*:

"Support for Democratic Transition in Cuba", in: **www.usaid.gov/countries/cu/english.htm**, The United States Agency for International Development, 28. January 1997, S.1-16.

CLINTON, *J. William*:

"Remarks Announcing Sanctions Against Cuba Following the Downing of American Civilian Aircraft", in: **http://usinfo.state.gov/pdq/pdq.htm**, Public Papers of the Presidents, U.S. Government Printing Office via GPO Access, Text 169, 26. February 1996, S.339.

CLINTON, *J. William*:

"Remarks to the Cuban-American Community"

in: **http://usinfo.state.gov/pdq/pdq.htm**, Public Papers of the Presidents. U.S. Government Printing Office via GPO Access, Text 492, 27. June 1995, S.953-955.

CLINTON, *J. William*:

"Statement on Efforts to Bring Democracy to Cuba", in: **http://usinfo.state.gov/pdq/pdq.htm**, Public Papers of the Presidents. U.S. Government Printing Office via GPO Access, Text. 125, 16 August 1996, S.1299-1300.

CLINTON, J. William:

"Statement on Review of Title III of the Cuban Liberty and Democratic Solidarity (Libertad) Act of 1996" in: **http://usinfo.state.gov/pdq/pdq.htm**, Public Papers of the Presidents. U.S. Government Printing Office via GPO Access, Text 2, 3. January, 1997, S.1-2.

Constitución de la República de Cuba

In : **www.georgetown.edu/pdba/Constitutions/Cuba/cuba1992.html**, Base de Datos Políticos de las Américas, Cuba 1992, S.1-29.

"Cuban Liberty and Democratic Solidarity (Libertad) Act of 1996",

in: **http://usinfo.state.gov/regional/ar/us-cuba/libertad.htm**, U.S. Department of State, International Information Programs, 104 Congress of the United States of America, 12. March 1996, S.1-49.

GREEN, Eric:

"Expertos comerciales E.U. examinan efectos embargo a Cuba", in: **http://uninfo.state.gov/espanol**, Departamento de Estado, Programas de información internacional, 19. July 2000.

„Interview with Jim Lehrer of the PBS News Hour", in: **http://usinfo.state.gov/pdq/pdq.htm**, Public Papers of the Presidents, U.S. Government Printing Office, via GPO Access, Text 47, Vol.1, 21. January 1998, S.89-90.

KELLERHALS, D. Merle:

"Conferencia congresional aprueba reformar sanciones", in: **http://usinfo.state.gov/espanol**, Servicio Noticioso desde Washington, Departemento de Estado, Programas de información internacional, 6. October 2000.

LANE, Charles:

"A Dangerous Partnership", in: **www.speakout.com**, (07/15 1999), S.1-3.

LANDAU, Saul:

"No Mas Canosa: The death of Cuban political figure Jorge Mas Canosa", in: **www.findarticles.com**, March 1999, S.1-15.

LINOWITZ, Sol M.:

"The Americas in 1997 : Making Cooperation Work", in:

www.thedialogue.org, Inter-American Dialogue, Washington D.C. 1997, S.1-35

„Presidential Debatte in Hartford",

in: **http://usinfo.state.gov/pdq/pdq.htm**, Public Papers of the Presidents, U.S. Government Printing Office, via GPO Access, Text 319, Hartford, 6. Oktober 1996, S.1757-1778.

PICKERING, R. Thomas:

"La dinámica cambiante de la elaboración de la política exterior de Estados Unidos", in: **http://usinfo.state.gov/journals**, Department of State, US Foreign Policy Agenda, March 2000, S.1-7.

RANNEBERGER, Michael:

"Testimony Before the Subcommittee on Trade of the House Committee on Ways and Means: Hearing on U.S. Economic and Trade Policy Toward Cuba", in: **http://waysandmeans.house.gov/trade/105cong/5-7-98/5-7rann.htm**, Department of State, 7. May 1998, S.1-9.

RANNEBERGER, Michael:

"Remarks to the American association for the Advancement of Science and the Right to Travel: Collaboration between U.S. and Cuban Scientists",

in: **www.state.gov/www/policy_remarks/1998**, Washington D.C., 3. April 1998, S.1-8.

"Realities of Market Cuba",

in: **www.cubatrade.org**, U.S.- Cuba Trade and Economic Council, Inc., New York 2000, S.1-13.

"Remarks and a Question-and-Answer Session at a Democratic National Committee Dinner in New York",

in: **http://usinfo.state.gov/pdq/pdq.htm**, Public Papers of the Presidents, U.S. Government Printing Office, via GPO Access, Text 12, 8. January 1998, S.1-7.

www.ingramcontent.com/pod-product-compliance
Lightning Source LLC
Chambersburg PA
CBHW020126010526
44115CB00008B/999